RAÍZES

Cem melodias folclóricas
Documentário musical nordestino

Alceu Maynard Araújo
Aricó Júnior

Martins Fontes
São Paulo 2007

Copyright © 2007, Livraria Martins Fontes Editora Ltda.,
São Paulo, para a presente edição.

1ª edição 1957
Ricordi
2ª edição 2007

Transcrição das partituras
Victor Steiner Ferreira

Acompanhamento editorial
Helena Guimarães Bittencourt
Revisões gráficas
Luzia Aparecida dos Santos
Alessandra Miranda de Sá
Dinarte Zorzanelli da Silva
Produção gráfica
Geraldo Alves
Paginação
Moacir Katsumi Matsusaki

Dados Internacionais de Catalogação na Publicação (CIP)
(Câmara Brasileira do Livro, SP, Brasil)

Araújo, Alceu Maynard, 1913-1974.
   Cem melodias folclóricas : documentário musical nordestino / Alceu Maynard Araújo, Aricó Júnior. – 2ª ed. – São Paulo : Martins Fontes, 2007. – (Raízes)

   ISBN 978-85-336-2330-9

   1. Canções folclóricas – Brasil, Nordeste 2. Música folclórica – Brasil, Nordeste I. Aricó Júnior. II. Título. III. Série.

06-7267   CDD-784.4981

Índices para catálogo sistemático:
1. Brasil : Nordeste : Melodias folclóricas :
   Documentário   784.4981

Todos os direitos desta edição reservados à
Livraria Martins Fontes Editora Ltda.
Rua Conselheiro Ramalho, 330 01325-000 São Paulo SP Brasil
Tel. (11) 3241.3677 Fax (11) 3105.6993
e-mail: info@martinsfonteseditora.com.br http://www.martinsfonteseditora.com.br

ÍNDICE*

Nota à presente edição XIII

Cem melodias folclóricas

Apresentação 3
Ao leitor 5

Capítulo I | **Roda infantil** 7

    1. Bota o navio no mar 9
    2. Rosa vermelha 10
    3. Rosa amarela 11
    4. Penedo vai 11
    5. Me amá Maria 12
    6. Meu papagaio 12
    7. Meu azulão 13
    8. Cipó de mororó 14
    9. Por esta rua 14
    10. Ciranda 14
    11. Tororó 15
    12. O uso dessa rainha 16

---

* A parte referente a Documentos Musicais, iniciada à página 109, segue a mesma ordem do texto documentado, inserido a partir da página 7.

13. Você gosta de mim 16
14. Adeus palmeira 17
15. Uma flor cheirosa 17
16. Margarida 18
17. A chuva 18
18. Atirei o pau no gato 19
19. Se esta rua 20
20. Anda roda siriri 20
21. Dai-me licença 20
22. Eu fui ao jardim celeste 21
23. La Condessa 22
24. Pai Francisco 23
25. Marinheiro, marinhola 24
26. Marré de si 25
27. Teresinha de Jesus 26
28. Minha machadinha 26
29. Vem cá, ó Suzana ingrata 27
30. Eu vô para a Bahia 27
31. Morena sessá o feijão 28
32. Paraná sô eu 28
33. Chô, chô, frê 29

Capítulo II | Roda-pagode 31

34. Rema na canoa 32
35. Carneiro lindo 33
36. Vamo vadiá 34
37. Quando a luma sai 34
38. Beleza 34
39. Sericórea 35
40. Leo, o Leo 36
41. A onda 37
42. Ô Mariá 37
43. Meu automóvel 38
44. Oi, lá em casa 38
45. Meu passarinho 38

46. Eu namorei	39
47. Eu não pensei, minina	39
48. O arroz é boa lavra	41
Extras:	
A. Roda nova	42
B. Minha cabocla	42

Capítulo III | Acalanto ... 45

49. Dorme, Suzana	45
Extra:	
Acalanto	46

Capítulo IV | Dança do bate-coxa ... 47

50. Dança do bate-coxa	48

Capítulo V | Quilombo ... 49

51. a) Samba negro	50
b) Dá-lhe toré	50

Capítulo VI | Aboio de roça ... 53

52. Aboio de roça	53
Outros aboios	54
Aboio	56

Capítulo VII | "Sentinelas" (cantos de velório) ... 57

53. "Sentinelas"	58
54. "Incelências"	58
55. "Despedida"	59

Capítulo VIII | Pastoril ... 61

56. Entrada	61

57. Pedido de licença 62
58. Entrada de pastoril 62
59. A lua (do Baile dos Astros) 63
60. Boa noite 64
61. Cavaquinho tocando 64
62. Boas festas 65
63. Retirada 65
64. Em meu jardim 66
65. Cigana 66

Capítulo IX | Coco 69

66. Lâmpi 69
67. Cadê sua mulé 70

Capítulo X | Candomblé 71

68. É um tatá 73
69. Ogum de lê 73
70. Ogum está me olhano 73
71. Ogum, Ogum, Ogum 74
72. É de naná 74
73. Ô lirê, ô lirá 74
74. Que nã batá 75
75. Cosme e Damião 75
76. Atirei 75
77. Um dinha nê 75
78. Deus vos salve 76
79. Ogum venceu a guerra 76
80. Babalorixá 76

Capítulo XI | Toré 77

81. Abertura de mesa de toré 79
82. Quem vem lá 79
83. Toré (abertura de mesa) 80

84. Saudá dona Julita 81
85. Caboco de Muringanga 81

CAPÍTULO XII | Baianas ou baianá 83

86. Boa noite, seu Rufino 83
87. Dotô Alceu 85
88. Os americano 86
89. Olha o tombo do navio 86
90. Eu bem que disse 87
91. Ó minha gente 87
92. Ó minha mestra 88
93. Rapaz solteiro 88
94. Eu me embarquei 89
95. Eu fui no má 89
96. Baianá quem te botô 89

CAPÍTULO XIII | Marujada 91

97. Na bela Catarineta 93
98. Olha da proa 93
99. Canto de encerramento da marujada 94

CAPÍTULO XIV | Canto de cego 95

100. Canto de cego 97

CAPÍTULO XV | O terno de zabumba e a salva 103

DOCUMENTOS MUSICAIS 107

NOTA À PRESENTE EDIÇÃO

Optamos por manter nesta edição as diferenças que podem ser observadas na comparação das letras das músicas com as partituras. O objetivo é preservar as características dos textos originais da forma mais fiel possível, não desprezando as variações tão comuns na prática do folclore. Por este motivo, também não estão presentes nas partituras todas as estrofes de cada música. Uma possível inserção das estrofes completas exigiria alterações nas letras ou na partitura, que é apenas um guia para a interpretação da obra.

Victor Steiner Ferreira

Cem melodias folclóricas

APRESENTAÇÃO

Cem melodias folclóricas é a parte artística de uma pesquisa sociológica realizada na foz do rio São Francisco, na cidade de Piaçabuçu, Estado de Alagoas, nos anos de 1952 e 1953. Distinguidos que fomos pelo sociólogo Donald Pierson, da Escola de Sociologia e Política de São Paulo, foi-nos confiada a chefia de uma equipe de pesquisadores para estudar uma comunidade no baixo São Francisco. O estudo sociológico foi realizado e, concluída a monografia, verificamos que a parte musical, ficando no apêndice da obra, alcançaria apenas os interessados em ciências sociais e não os estudiosos da música, os professores de escolas normais, colégios e ginásios, os compositores e diletantes da música. Daí ter surgido a idéia de publicá-la em volume à parte, escolhendo, dentre o rico acervo por nós gravado, apenas *Cem melodias folclóricas*.

Encorajou-nos a concretizar essa idéia a colaboração amiga do maestro Vicente Aricó Júnior, responsável pelo trabalho musicográfico.

Durante nossa permanência na comunidade rural são-franciscana, tivemos oportunidade de gravar as melodias cantadas quer nos momentos de alegria, quer nos momentos de dor (as "sentinelas"), bem como nos cerimoniais religiosos do Candomblé e do Toré. As gravações sempre foram feitas no próprio local onde se desenrolava o fato, evitando-se sempre toda e qualquer interferência de nossa parte na atividade em curso. A recolta musical revestiu-se de cunho científico e jamais nos esquecemos, ao gravar, dos ensinamentos do mestre Luiz Heitor Corrêa de Azevedo.

É oportuno mencionar aqui a colaboração do então prefeito municipal de Piaçabuçu, Antonio Machado Lobo, que a qualquer hora mandava funcionar os geradores elétricos da iluminação pública, para que nas praças, ruas ou nas casas pudéssemos gravar, evitando sempre qualquer restrição por parte dos participantes das atividades. Não nos esquecemos de sua boa vontade mandando estender, certa vez, mais de duzentos metros de fio elétrico para que, numa ponta da várzea, numa choupana onde ia haver um velório, pudéssemos gravar as "sentinelas" – missa laica de encomendação de defuntos – já a caminho do esquecimento.

Coube ao maestro Vicente Aricó Júnior realizar a musicografia do material recolhido. Durante vários meses, ficávamos à noite em sua casa – entre o gravador, o metrônomo e o piano – trabalhando na difícil tarefa de passar para a pauta musical, com toda fidelidade, as melodias. Ao vê-lo trabalhar com tanto carinho, nos lembrávamos da frase de Luís da Câmara Cascudo: – "a virtude máxima do folclorista é a fidelidade". Os esforços desse professor paulista, tão dedicado à sua tarefa, são dignos dos nossos aplausos.

Enquanto se processava a tarefa morosa de musicografar as melodias, o maestro Aricó Jr. fez vários arranjos para serem cantados nos órgãos dos grupos escolares e nos ginásios paulistas. Nisso vimos cumprir um dos nossos ardentes anelos – unir pelo canto, pela música, os corações dos paulistas aos nordestinos, filhos todos desta grande Pátria cujo tesouro da folc-música ainda está por ser explorado.

Cem melodias folclóricas cumprirá seu roteiro quando voltar, pela divulgação, ao povo, porque foi dentre o bom povo alagoano que elas foram recolhidas.

Dr. Alceu Maynard Araújo
(da Sociedade Brasileira de Folclore e
Professor Visitante de Folclore da Escola
de Sociologia e Política de São Paulo)

AO LEITOR

Para facilitar o manuseio deste nosso primeiro "Documentário musical nordestino", as cem melodias folclóricas ora publicadas foram distribuídas em grupos distintos de atividades. Estas vêm descritas sucintamente e, a seguir, estão os números das respectivas melodias. Pelo fato de se ter, ao musicografar, colocado apenas as letras de uma quadra, o leitor encontrará as demais (quadras) logo após àquela que figura na música.

Ao grafarmos as palavras, procuramos reproduzi-las tal como foram ouvidas. As letras eram recolhidas ao mesmo tempo que a gravação musical ia sendo registrada em nosso "Ampro" portátil. Ambos os documentos eram confrontados, procurando-se, dessa maneira, dar a grafia exata ou mais próxima possível da enunciação do vocábulo.

CAPÍTULO I | Roda infantil

A roda infantil é uma das primeiras manifestações do espírito associativo das crianças; um dos melhores meios, na educação musical da infância e, por que não dizer, o mais seguro na transmissão das nossas tradições através de gerações, pois a criança é pouco permeável às influências estranhas e sua capacidade inventiva ainda não se desenvolveu para que possa fazer incrustações no original.

A motivação despertada nos participantes de uma roda infantil estreitam as amizades. Rodas infantis são atividades lúdicas que não têm estação certa; entra ano e sai ano, alegram sempre as crianças e enchem de saudades os adultos que as ouvem. Como as noites de luar em Piaçabuçu são lindas, as crianças, sob o olhar dos pais, logo após a hora da Ave-Maria, formam rodas, cantam, brincam até a hora de irem dormir.

Embora em muitas cantigas de roda já exista certa cor local, pode-se perceber, ainda que diluídas, as influências portuguesa, africana, indígena e outras.

Ver Documentos Musicais de números 1 a 33.

* * *

Anda a roda, ó gente...

BOTA O NAVIO NO MAR
(D.M. N.º 1)

Anda a roda, ó gente, oi, siu, siu, siu,
vamos vadiá, oi, siu, siu, siu
se meu bem quisé me vê, oi, siu, siu, siu,
bota o navio no mar, oi, siu, siu, siu.   } *Estribilho*

Menino, me dê uma pinha, oi, siu, siu, siu,
menino, me dê um pinhão, oi, siu, siu, siu,
menino, me dê seus olhos, oi, siu, siu, siu,
qu'eu te dô meu coração, oi, siu, siu, siu.

    Minha gente tire um verso
    qu'eu não posso mais tirá,
    já me dói o céu da boca
    e o dentinho do queixá.

Lá vem a lua saindo
por detrás de um arvoredo
nem é lua, nem é nada,
é os olhos de Alfredo.   } *Solo*

    Sete e sete são catorze
    três vezes sete são vinte e um
    tenho sete amô no mundo
    só tenho paixão por um.

Sete e sete são catorze,
com mais sete, vinte e um,
tenho sete namorados
mas não caso com nenhum.

* * *

Rosa vermelha
(D.M. N.º 2)

A rosa vermelha
é do bem querê,
a rosa vermelha e branca
hei de amá até morrê.
Estribilho

Minha mãe não qué qu'eu vá
na casa de meu amô,
eu vô perguntá a ela
si ela nunca namorô.

Minha mãe não qué qu'eu use,
eu agora vou usá
um laço de fita verde
no jeitinho de namorá.

Lá vem a lua saindo
por detrás de uma barrica,
o namoro dos meninos
é uma pisa de tabica.
Solo

Meu amô é bonitinho,
bonitinho ele é,
nem é pão nem é bolacha
que se toma com café.

Hastiei meu lenço branco
na torrinha de Belém,
deu no cravo deu na rosa,
deu no peito de meu bem.

* * *

Rosa amarela
(D.M. N° 3)

Ó rosa, rosa amarela,
ó rosa amarela eu sô,
eu sô a rosa amarela,
cravo branco é meu amô. } *Coro*

Lá vem a lua saindo
por detrás da sacristia,
deu no cravo, deu na rosa,
deu na moça qu'eu queria.

Lá vem a lua saindo,
redonda como um tostão,
não é lua, nem é nada,
são os olhos de João.

Lá vem a garça voando
com uma toalha de renda,
meu amô é quem batalha,
Nossa Senhora o defenda.

Atirei um limão n'água,
de maduro foi ao fundo,
os peixitos todos gritaram
viva Dão Pedro Segundo. } *Solo*

* * *

Penedo vai
(D.M. N° 4)

Penedo vai,
Penedo vem,
Penedo é terra
de quem quer bem! } *Estribilho*

Venha cá, Suzana,
venha cá, meu bem, } *Solo*
você é das outras
é minha também.

* * *

ME AMÁ MARIA
(D.M. N° 5)

Me-a-má, Maria
Me-a-má, Maria
Mariá, meu bem, } *Estribilho*
me-a-má que quer dizê
Mariá, meu bem.

Quem tem amor encoberto,
    Mariá meu bem,
jura falso até morrê,
    Mariá meu bem,
é novinho se quebrano...
meu amor é um menino,
É novinho se quebrano...
    Mariá meu bem.

* * *

MEU PAPAGAIO
(D.M. N° 6)

Meu papagaio das asas dourada,
quem tem namorado brinca.
Meu papagaio, } *Estribilho*
quem tem namorado brinca,
meu papagaio.

Quem me dera, dera, dera, meu papagaio,
quem me dera pra mim só, meu papagaio,
me deitá na sua cama, meu papagaio,
me cobri cum seu lençol, meu papagaio.

    Quem tivé raiva de mim, meu papagaio,
    quem não pudé se vingá, meu papagaio,
    bote os dente na parede, meu papagaio,
    coma barro até inchá, meu papagaio.

* * *

MEU AZULÃO
(D.M. N.º 7)

    Meu azulão, oi, paro, aro, aro,
    avuadô, oi, paro, aro, aro,
    entrô na roda oi, paro, aro, aro,
    ai meu amô, oi, paro, aro, aro.

Eu queria sê papel
pra voá de avião,
pra vê meu benzinho
no Colégio Diocesano.

    Atirei o limão verde,
    no fundo de uma bacia,
    deu no cravo, deu na rosa,
    deu na moça que eu queria.

* * *

Cipó de mororó
(D.M. N.º 8)

Eu também sou bela } Coro
no cipó de mororó.

Venha cá, Suzana } Solo
me ajudá tirá cipó.

* * *

Por esta rua
(D.M. N.º 9)

Por esta rua, ó dominé,
passiô meu bem, ó dominé,
orai por mim, ó dominé,
e por mais alguém, ó dominé.

Olhe o passarinho, ó dominé,
que caiu no laço, ó dominé,
venha cá Cecília, ó dominé,
me dê um abraço, ó dominé.

* * *

Ciranda
(D.M. N.º 10)

Ciranda, cirandinha,
vamo toda a cirandá,
vamo dá a meia-volta, } Bis
volta e meia vamo dá.

O anel que tu me deste
era vidro e se quebrô,
o amô que tu me tinhas
era pouco e se acabô.

    Ciranda, cirandinha, etc.

    Por isso ó Marcos,
    entre dentro desta roda,
    diga um verso bem bonito
    dê adeus e vá embora.

        Ciranda, cirandinha, etc.

* * *

TORORÓ
(D.M. N.º 11)

Eu fui a Tororó ⎱ *Bis*
bebê água e não achei, ⎰
adeus bela menina ⎱ *Bis*
que em Tororó deixei, ⎰

com prazer e alegria,
Nossa Senhora de Ó,
Nossa Senhora da Guia.
Ó Maria, ó Mariazinha
entrou na roda pra ficá sozinha.

– Sozinha eu não fico, nem hei de ficar
porque tenho Ricardo para ser meu par.

* * *

O USO DESSA RAINHA
(D.M. N.º 12)

O uso dessa rainha,
é um uso mais singular
que põe seu joelho em terra
faz o povo se admirá.

        Cecília sacuda a saia,
        Cecília levante os braços
        Cecília tem dó de mim,
        Cecília me dá um abraço.

* * *

VOCÊ GOSTA DE MIM
(D.M. N.º 13)

        Você gosta de mim, Ceci,
        eu também de você, Ceci,
        vô pedi a teu pai, Ceci,
        pra casá com você, ó Ceci.

Se ele dissé que sim, Ceci,
passarei um papel, Ceci,
se ele dissé que não, Ceci,
morrerei de paixão, ó Ceci.

        Palma, é palma, é palma, ó Ceci,
        pé, é pé, é pé, ó Ceci
        roda, roda, roda, ó Ceci
        abraçarei quem quisé, ó Ceci.

* * *

Adeus palmeira
(D.M. N.º 14)

Adeus palmeira encantadora,
tem pena de meu sofrê,
tem pena de quem te ama, palmeira,
adeus palmeira de saudade vô morrê.

Alecrim de beira d'água,
ele tomba mas não cai,
esse moço bonitinho, adeus palmeira,
vai ser genro de meu pai.

Dentro d'água tem lodo,
debaixo do lodo tem limo,
quem tem amô, tem ciúme, adeus palmeira,
quem tem filho me qué bem.

Adeus palmeira encantadora,
tem pena de meu sofrê
tem pena de quem te ama, palmeira
adeus palmeira, de saudade vô morrê.

* * *

Uma flor cheirosa
(D.M. N.º 15)

Uma flô cheirosa
que o vento deu,
caiu dentro do mar
oi, siriri comeu. } Bis

Sacudi papel pra cima
no galho virô açucena,
meu coração só padece
por gente da cor morena.

Não quero amor de padre
nem de homem casado,
quero amô de um solteirinho
que é um amô desembaraçado!

Você diz que preto é feio,
preto é uma linda cor,
é com preto que eu escrevo
o nome de meu amor.

* * *

MARGARIDA
(D.M. N? 16)

Quero vê a Margarida, olé, olé, olá,
quero vê a Margarida, olé seus cavaleiros.
Margarida não se vê, olê, olê, olá,
Margarida não se vê, olê seus cavaleiros.

Vou tirando uma pedra, olê, olê, olá,
Vou tirando uma pedra, olê seus cavaleiros.
Uma pedra só não dá, olé, olé, olá,
uma pedra só não dá, olé seus cavaleiros.

* * *

A CHUVA
(D.M. N? 17)

A chuva qué chovê,
o vento qué levá
eu vô pra Cachoeira
meu amô não qué qu'eu vá. } *Coro*

Alecrim da beira d'água
pode está quarenta dia,
meu amô só pode vim
no bote do meio-dia.

        Atirei meu lenço branco
        na toucera de capim,
        não namoro com menino
        de cabelo pixaim.

Quem qué bem dorme na rua
na porta do seu amô,
na calçada faz a cama,
do sereno cobertô.

        Meu pai me deu uma surra
        com mulambo de rodilha,
        eu chorei quase mais nada
        que mulambo não doía.

Quem me dera, dera, dera,
pra voá de dia em dia,
pra ver o meu benzinho
no Ginásio da Bahia.

        * * *

ATIREI O PAU NO GATO
(D.M. N.º 18)

Atirei o pau no gato, tê-o-tô,
mas o gato, tê-o-tô,
não morreu, reu, reu,
Dona Atília admirou-se, se-o-se
do miau, do miau que o gato deu – Miau!!!

        * * *

Se esta rua
(D.M. N.º 19)

Se esta rua fosse minha,
eu mandava ladrilhá
com pedrinha diamante
para meu bem passiá...

* * *

Anda roda siriri
(D.M. N.º 20)

Anda roda, siriri,
anda roda, siriri,
a cabocla me chama
eu não quero i. } Bis

Volta para trás siriri,
volta para trás siriri,
acabou-se o melhor,
eu não quero i. } Bis

Devagarinho siriri,
devagarinho siriri,
a cabocla me chama,
eu não quero i. } Bis

* * *

Dai-me licença
(D.M. N.º 21)

Dai-me licença bom barqueiro,
dai-me licença eu passá,
tenho minhas filhas pequeninas,
não posso mais me demorá.

— Passará? Passará?
Uma delas há de ficá,
si não for a da frente
há de ser a de detrás.

* * *

EU FUI AO JARDIM CELESTE
(D.M. N? 22)

Eu fui ao jardim celeste,
    geroflê, geroflá.
Eu fui ao jardim celeste,
já vou m'encontrá,
o que foste fazer lá?
    — geroflê, geroflá,
o que foste fazê lá?
já vou m'encontrá,
— Fui colhê as violetas.
    geroflê, geroflá.
Para que as violetas?
    — geroflê, geroflá,
para orná Nossa Senhora,
já vou m'encontrá,
se encontrares com o rei
já vou m'encontrá,
    geroflê, geroflá,
fazia minha continência,
já vou m'encontrá,
se encontrares com a rainha,
já vou m'encontrá,
    geroflê, geroflá.
tiraria o meu chapéu,
já vou m'encontrá.

> – Se encontrares com o demônio?
>   geroflê, geroflá,
> fazia meu grande chifre,
> já vou m'encontrá.
> Para que os grande chifres?
>   geroflê, geroflá,
> para pegá moça bonita.

(Ajuntando todas as participantes da roda)

> – Vamos fazê a festa junto
>   geroflê, geroflá,
> já vou m'encontrá.

* * *

La Condessa
(D.M. N° 23)

Menina "A" – Onde mora la Condessa,
  língua de França, dô de lanceta.
Menina "B" – Que quereis com la Condessa,
  que por ela perguntais?
Menina "A" – Senhor rei mandou dizê
  que das filhas que vós tem,
  mandasse uma ou duas
  para ensiná-la bem.
Menina "B" – Eu não mando minha filha
  no estado que ela'stão,
  nem por ouro, nem por prata
  nem por sangue de Aragão.
Menina "A" – Tão alegres que vinhemos
  tão triste que vou voltando,

                      por causo da la Condessa
                      que por ela perguntamo.
Menina "B" – Volte cá meu Cavaleiro
                      por sê um homem de bem
                      escolha neste jardim
                      uma flô que lhe convém.
Menina "A" – Esta fede, esta cheira
                      a fulô de laranjeira,
                      esta mesmo que eu queria
                      para sê minha companheira.

(A escolha é feita, a menina "A" batendo de leve na cabeça das meninas que estão jogando.)

* * *

PAI FRANCISCO
(D.M. N.º 24)

    Pai Francisco entrô na roda,
    tocando seu violão,
    da-ra-rão-rão, dão, dão, da-ra-rão-rão,
    dão, dão, diga lá seu Delegado,
    Pai Francisco
    está na prisão.

(todos batendo palmas)

        Olhe como ele vem
        todo requebrado,
        parece um boneco   } *Bis*
        desengonçado.

* * *

Marinheiro, marinhola
(D.M. N? 25)

(*Solo*) — Marinheiro, marinhola,
(*Coro*) — Eu sô marinheiro,
(*Solo*) — Quem te ensinô a nadar?
(*Coro*) — Eu sô marinheiro,
(*Solo*) — Foi o tombo do navio,
(*Coro*) — Eu sô marinheiro,
(*Solo*) — E o balanço do mar.
(*Coro*) — Eu sô marinheiro.

      — Bate, bate, sapatinho,
           — eu sô marinheiro,
      — na casa do sapateiro,
           — eu sô marinheiro,
      — assim batem meus olhinhos,
           — eu sô marinheiro,
      — quando vê rapaz solteiro,
           — eu sô marinheiro.

— Meu amor não era este,
      — eu sô marinheiro,
— nem a este quero bem,
      — eu sô marinheiro,
— vou me servindo com este,
      — eu sô marinheiro,
— enquanto meu amô vem,
      — eu sô marinheiro.

* * *

Marré de si
(D.M. N.º 26)

Eu sô rica, rica, rica
de marré, marré, marré.

Eu sô pobre, pobre, pobre
de marré de si.

Eu desejo de vossas filhas
de marré, marré, marré, de marré de si.

Qual é a filha
que vos deseja
de marré, marré.

Eu desejo a dona Suzana,
de marré, marré, marré, de marré de si.

Qual é o ofício que dareis a ela?

Dou o ofício de pianista,
de marré, marré, de marré de si.

Esse ofício me agrada,
de marré, marré, marré, de marré de si.

Vamos fazê a festa juntas,
de marré, marré, de marré de si.

Eu sou rica, rica, de marré, etc.

* * *

Teresinha de Jesus
(D.M. Nº 27)

Teresinha de Jesus,
deu uma queda e foi ao chão,
acudiram três cavaleiros
todos os três, chapéu na mão.

           O primeiro foi seu pai,
           o segundo, seu irmão,
           o terceiro foi aquele
           que Teresa deu a mão.

Quanta laranja madura
Quanto limão pelo chão
Quanto sangue derramado
Dentro do meu coração.

* * *

Minha machadinha
(D.M. Nº 28)

Rom, rom, rom
minha machadinha, } *Bis*
quem foi que pegô nela
sabendo que ela é minha? } *Bis*

Sabendo que ela é minha, } *Bis*
eu também sô tua,
pula machadinha
para o meio da rua. } *Bis*

No meio da rua
eu não hei de ficá, } *Bis*
porque tenho o Marcos
para sê meu par. } *Bis*

* * *

Vem cá, ó Suzana ingrata
(D.M. N.º 29)

— Vem cá ó Suzana ingrata } Bis
qu'eu quero te dá um tiro,
com a pistola de prata, } Bis
e a bala de suspiro.

Um jarro com tantas flores } Bis
não sei qual escolherei
aquela que me agrada } Bis
com ela me abraçarei.

* * *

Eu vô para a Bahia
(D.M. N.º 30)

— Eu vô para a Bahia,
morená eu vô,
eu vô para a Bahia
vô vê meu amô.

Minha mãe me deu uma surra
de mulambo de rodilha,
chorei foi de dengosa,
que mulambo não doía.

Mandei fazê um relógio
da casca d'um caranguejo
para contá os minuto
da hora que não te vejo.

Eu plantei um pé de cravo,
nasceu um pé de maxixão,
acabei o meu noivado
por causa de um tostão.

* * *

Morena sessá o feijão
(D.M. Nº 31)

> Morena sessá o feijão, feijão, feijão,
> só se sessa assim, é assim, é assim,
> é assim, é assim, é assim,
> só se sessa assim.

Estribilho

Tanta laranja madura
tanto limão pelo chão,
tanta mocinha bonita,
tanto rapaz bestalhão.

> Menino dos olho d'água
> me dê água pra bebê,
> não é sede, não é nada,
> é vontade de te vê.

Canoeiro, canoeiro,
que trouxeste na canoa,
trouxe ouro, trouxe prata,
trouxe muita cousa boa.

> Lá vem a garça voando
> com a corrente na asa
> desgraçado é o homem
> que namora e não se casa.

* * *

Paraná sô eu
(D.M. Nº 32)

> Paraná sô eu,
> paraná eu sô,
> paraná sô eu,
> ai delícia do amô.

Lá vem a garça voando
com a corrente no pé,
desgraçado é o homem
que não quer bem a mulé.

        Tenho sete camisinha,
        toda sete bordadinha,
        tenho sete namorado
        todos os sete da pontinha.

Quem me dera, dera, dera,
quem me dera pra mim só,
me deitá em sua cama,
me enrolá com seu lençol.

        Quem é aquela que lá vem
        pelo caminho de fora,
        é a moça dona Elzinha,
        filha de Nossa Senhora.

* * *

CHÔ, CHÔ, FRÊ
(D.M. N.º 33)

Choô, chô, frê
eu quero ver raiá
na beira da praia
onde canta o sabiá.

Menino de calça branca,
paletó e camisa fina,

si quisé casá comigo
desengane essa menina.

        Menino dos olhos de veludo
        seu pai não tem dinheiro
        mas seus olhos
        valem tudo.

CAPÍTULO II | Roda-pagode

Por ocasião das festas juninas, na pequena vacância agrícola de inverno, os adultos brincam. Basta anoitecer, acendem-se fogueiras em várias ruas da cidade. Grupos alegres de homens e mulheres, de mãos dadas, cantam ao redor de uma fogueira, saltam-na, tornam-se "compadres de fogueira", deixam esta, ajuntam-se a outro grupo. Entram pelas casas cantando alegremente, os grupos vão se avolumando para terminar em um único na praça pública – no "Quadro" – ao lado de uma grande fogueira tradicionalmente arrumada pelo sr. Artur Lobo, o velho Moreno, chefe político, pai da pobreza e um dos mais prestigiosos fazendeiros.

Ali no "Quadro" tudo é alegria, cantam roda-pagode e também as cantigas que os ajudam por ocasião dos trabalhos de malhação do arroz, nas noites de luar, porém agora são mais buliçosas do que nunca. A alegria comunicativa da roda-pagode alagoana põe no corpo da gente uma vontade insopitável de dançar, de bailar. Seu ritmo é convidativo.

A roda de adultos tem o condão de congraçar os membros da comunidade. Caem as barreiras sociais, pobres e ricos, moradores da casa de tijolos e de choupanas de palha, de mãos dadas, alegres cantam. A grande festa do solstício do inverno põe uma trégua na vida quotidiana dos moradores de Piaçabuçu: rodando, cantando, esquecem as tricas políticas, as desditas, as mágoas, rixas e intrigas familiares, o bate-boca de comadres, os desníveis sociais; ali todos pertencem à grande família alagoana – una, alegre e feliz.

Ver Documentos Musicais de números 34 a 48.

(Incluiremos mais duas rodas-pagode que não foram gravadas em Piaçabuçu e sim noutros portos de nossa recolta, por isso mesmo não serão numeradas, também ouvimo-las do poeta e cantador alagoano Lourival Bandeira.)

* * *

REMA NA CANOA
(D.M. N? 34)

Rema na canoa, pirariri,
rema na canoa, pirarará,
rema na canoa, pirariri
para meu bem passiá.

Minha gente tire verso
qu'eu não posso mais tirá,
já me dói o céu da boca
eu não posso mais cantá.

Letra A é uma rosa,
letra B é um botão,
letra C é uma chave
que trancô meu coração.

* * *

CARNEIRO LINDO
(D.M. N.º 35)

Carneiro lindo
não me prenda não,
eu já tenho quem me solte,
quem me tire da prisão.

} Bis

Não pensei que sarça verde
no meio do mar secasse,
não pensei que nosso amô
tão depressa se acabasse.

Menina por teu respeito
fui preso para Maranhão,
cá farda do reis nas costa
e um pandeiro na mão.

Jesus neto de Santana,
filho da Virge Maria,
eu tamém sô afiado
duma santa da Bahia.

Ô minha gente eu sô do norte
não aborreço a ninguém,
peço por caridade
não me aborreça tamém.

Ô amanhã vô m'imbora,
tome conta de seu rancho,
eu vô vê a moreninha
brincando passo balanço.

* * *

Vamo vadiá
(D.M. N? 36)

Yayá maninha,
vamo vadiá,
em seu balanço,
oi, vamo vadiá.
Em beira-mar,
oi, vamo vadiá,
trá, lá, lá, lá,
tarara lá-lá-lá, oi, vamo vadiá.

* * *

Quando a luma sai
(D.M. N? 37)

Quando a luma sai,
que quilariá,
vô pegá treis tatu,
treis tamanduá.

* * *

Beleza
(D.M. N? 38)

Oi lá, moreninho,
    beleza,
moreninho singular,
    beleza,
cor morena é coisa boa,
    beleza,
pra quem sabe apreciá,
    beleza.

Beleza, oi,
beleza, oi. } Bis

Meu cestinho de costura,
pintado de primavera,
na boca t'esconjuro,
no coração quem me dera.

Das letras do alfabeto,
de todas eu gosto delas,
mas primeiro a letra C
porque me assino com ela.

Letra C é uma chave, beleza oi,
que trancô meu coração,
letra C é uma rosa
que roubou meu coração.

Minha urupema de ouro,
meu alecrim peneirado,
nunca chorei por amô,
mas por ti tenho chorado.

Sai daí chapéu de palha,
deixe o de couro passá,
que o de palha só de milho,
de couro tenho que gastá.

* * *

SERICÓREA
(D.M. Nº 39)

Ei-si-ei-ri-sei-có-re-a-rá.

Tava na beira da praia
só via pena avoá. } Bis

Ei-si-ei-ri-sei-có-re-a-rá.

À meia-noite
brigando com o lubisome
o bicho quase me come,
fiquei roco de gritá.

Cabra danado,
se não tem corage
eu tenho,
va dizê ao sinhô de engenho
que o cercado está no chão,
dê uma carreira
vá na mata do Timbó
tirá um feixe de cipó
para fazê a amarração.

* * *

LEO, O LEO
(D.M. N.º 40)

O Leo, o Leo,
olha o balanço do mar. } *Bis*

Eu subi num estaleiro
tirei um cravo com a unha,
quem tomá amô dos outros
não tem vergonha nenhuma.

Eu subi num mamoeiro
tirei um mamão maduro,
namorei um moreninho
que namoro tão seguro.

* * *

A ONDA
(D.M. N.º 41)

Iaiá olhe a onda
na ponta da areia,
a onda me pega
na ponta da areia.

* * *

Ô MARIÁ
(D.M. N.º 42)

Ô Mariá,
eu quero aprendê a nadá
ô Mariá...

Eu não canso de perguntá
quedê o meu ramalhete,
é um moreno rosado
vestido de azu-ferrete.

A laranja de madura, ô Mariá,
caiu no chão e foi rolando
o amô que não é firme,
devagá se vai deixando.

Das letras do alfabeto, ô Mariá
de todas eu gosto delas,
mas primeiro a letra "V"
porque me assino com ela.

A luma de caminhá, ô Mariá,
já fez caminho no céu,
também conheço meu benzinho
pela ponta do chapéu.

* * *

Meu automóvel
(D.M. N? 43)

Meu automove
tomba mas não cai,
cheio de moças
carregado de rapaz.

Sete e sete são catorze,
três vez sete, vinte e um,
tenho sete amô no mundo,
só tenho paixão por um.

* * *

Oi, lá em casa
(D.M. N? 44)

Uma velha se zangô,
pegô a roupa e molhô,
botô debaixo da gamela (oi, lá em casa).

Quando a maré vem de volta, oi, lá em casa,
deixô na praia uma flô, oi, lá em casa,
pra não perdê ele de vista, oi, lá em casa,
e lembrá do seu amô, oi, lá em casa.

* * *

Meu passarinho
(D.M. N? 45)

Meu passarinho,
meu beija-fulô,
dai-me novas
de meu lindo amô… (*Bis*)

Minha gente qué qu'eu diga
seu Alceu ele quem é,
é um cravo com a rosa
no altá de São Jusé.

* * *

Eu namorei
(D.M. N? 46)

Eu namorei, Brás,
foi com você, Brás,
eu namorei
pra fazê medo
pra Luiza.

Lá vai a garça voando
dos encontro vai fugindo,
é sinal de quem qué bem
passa por outro sorrindo.

Coqueiro do Rosário
tem a palha verde-escura,
moreninho esse teus olho
são a minha sepultura.

* * *

Eu não pensei, minina
(D.M. N? 47)

Eu não pensei, minina, } *Coro*
não pensei de te levá.

Mané do Riachão,
que pecado são os seu.
   Eu não pensei minina, ...
Tanta chuva que chuveu
seu riacho não correu.
   Eu não pensei, ...
Meu riacho só corre
com água na cabeceira.
   Eu não pensei, ...
Quando o ano fô de inverno
vê como aparece barrera.
   Eu não pensei, ...
O fogo nasce da lenha,
a lenha nasce do chão.
   Eu não pensei, ...
Eu fiquei cego da vista
e o amô do coração.
   Eu não pensei, ...
Vô m'imbora desta terra
vô procurá meu sertão.
   Eu não pensei, ...
Eu não sô filho daqui,
sô filho do Riachão!
   Eu não pensei, ...
Lasca de cerca velha
é que ensina boi ladrão.
   Eu não pensei, ...
Me ajude cumpanhêro,
vamo todo no cordão.
   Eu não pensei, ...
Vamo vê se alcancemo
cidade de Maranhão.
   Eu não pensei, ...
Me ajude meus irmão
que não posso mais cantá.
   Eu não pensei, ...

Se aproxime seu Sabino
que é filho de Jatobá.
    Eu não pensei, ...

* * *

O ARROZ É BOA LAVRA
(D.M. N? 48)

O arroz é boa lavra
eu vô mandá culê,
na entrada do verão
eu vô mandá vendê.
O arroz é boa lavra
assim diz o lavradô,
eu não vô prantá arroz
pra culê sem meu amô.

Meu pezinho de milho verde
me esconda na vossa sombra,
quando estô mais meu benzinho
eu não tenho onde m'esconda.

Você diz que me qué bem
eu também quero a você,
quero-te bem toda vida
e você só quando me vê.

Minha urupemba de ouro
meu alecrim penerado,
nunca chorei por amô
mais por ti tenho chorado.

* * *

Roda nova
(Extra A)

Esta roda é nova,
ela é alagoana.

Telegrafei de Mar Vermelho pra Viçosa
a rua ficô dengosa
quando a luz quilariô.
Majó Ernesto mora na Pedra de Fogo
agora danou-se o jogo
que algodão se arrelaxô.
O majó Alves que mora no Cafundó
esse compra mais mió
o algodão do moradô,
o moradô porque
vendeu algodão fora,
morreu não contô história
duma surra que levô.

* * *

Minha cabocla*
(Extra B)

Cabocla, minha cabocla,
tu és do meu coração.
Eu com uma viola,
você com um violão.
Eu canto e você responde
em uma bela canção, ai.

---

* Afirma o poeta e cantador alagoano Lourival Bandeira que esta roda-pagode ele a aprendeu com o cantador Chico Nunes de Palmeiras dos Índios. Ouvimos ambas, cantadas a bordo de uma canoa de tolda quando navegávamos no baixo S. Francisco, de Traipu à foz.

Tava namorando uma cabocla Dorubai
toda vez que passo lá
cabocla tá na jinela;
eu me caso com ela
pra ela não padecê,
eu canso de oferecê
dicionaro a ela;
é uma donzela
que parece com uma estrela,
eu sempre gostei de vê-la,
não pode havê como aquela,
é atraente e bela
que parece panorama,
é flô que nasce da rama
e o nome dela é Stela.

Cabocla, minha cabocla
pra que você foi agora,
tanto que eu amo a cabocla
e a cabocla foi imbora,
eu choro porque não sei
aonde a cabocla mora, ai.

CAPÍTULO III | Acalanto

Ao anoitecer, após a refeição, quer na casa do rico, onde a mãe se embala na macia rede, com o filho no regaço, ou na casa do pobre, onde sentada sobre a esteira, aconchegando a criança, sussurra um dorme-nenê – é a cantiga de ninar dolente, monótona que faz cerrar as pálpebras.
Ver Documento Musical número 49.

* * *

Dorme, Suzana
(D.M. N? 49)

Dorme, Suzana
qu'eu tenho o que fazê,
vou lavá e gomá
camisinha pra você.

É, é, é, é, é...
Suzana é um bebé,
i, i, i, i, i,
Suzaninha vai dormi.

Dorme, Suzana
qu'eu tenho o que fazê,
vou lavá e gomá
camisinha pra você.

A, a, a, a,
Suzana quer apanhá,
i, i, i, i, i,
Suzaninha vai dormi...

* * *

ACALANTO
(Extra)

Dorme nenê,
eu tenho que fazê,
vô lavá e gomá
camisinha pra você.

Maria lavava,
José estendia,
chorava Jesus
no colo de Maria.

Ó dorme filhinho
eu tenho que fazê
vô lavá, vô gomá
camisinha pra você.

CAPÍTULO IV | Dança do bate-coxa

A dança do bate-coxa não se confunde com a capoeira. Os praticantes são da mesma origem, descendentes de escravos. Acreditamos que a dança do bate-coxa seja mais violenta, onde os dois contendores, sem camisa, só de calção, aproximam-se, colocam peito com peito, apoiando-se nos ombros, direito com direito. Uma vez apoiados os ombros, ao som do canto de um grupo que está próximo, ao ouvir o "eh boi", ambos os contendores afastam a coxa o mais que podem e chocam-se num golpe rápido. Depois da batida, a coxa direita com a direita, repetem à esquerda, chocando-se bruscamente ao ouvir o "eh boi" do estribilho. A dança prossegue até que um dos contendores desista e se dê por vencido; o que levar uma queda após a batida é considerado perdedor.

Outras vezes, sorteiam qual deve bater primeiro, então o que perde na sorte espera firme a pancada, cabendo-lhe a seguir dar a sua.

Como na capoeira, na dança do bate-coxa formam uma roda para cantar. Nesta o acompanhamento é feito apenas por um tocador de ganzá. Os versos cantados pelo grupo ao som do ganzá são:
Ver Documento Musical número 50.

* * *

Dança do Bate-Coxa
(D.M. N.º 50)

São horas de eu virá negro,
eh! boi...
Minha gente venha vê
com meu mano vadiá,
eh! boi,
são horas de eu virá negro,
tanto faz, daqui pr'ali,
como dali pr'acolá,
eh! boi...
são horas de eu virá negro.

Quando eu vim da minha terra
dexei meu amô tchorano,
eh! boi...
com saudade eu me arretiro,
adeus até não sei quano,
eh! boi...
Desdi da vez qu'eu te vi
fiquei te quereno bem,
eh! boi...
sozinha comigo calado
sem dizê nada a ninguém.
eh! boi...
são horas de eu virá negro.

CAPÍTULO V | Quilombo

É um dramático folguedo, tradicional revivescência da luta pela própria liberdade que redundou na derrota dos Palmares. Os descendentes dos quilombolas, nesta forma folclórica, realizam uma revanche dos negros contra os índios. A nosso ver é "teatro encomendado", folgança para os negros escravos com o fito de não permitir outra revolta estilo palmarino. Certamente as primeiras representações foram orientadas por pessoas eruditas que escreveram a peça e nem deram oportunidade para que os negros se alegrassem com sua liberdade e vitória, porém com sua derrota.

Armam no centro de uma praça dois "mocambos" (palhoças), uma pertence aos "caboclos" (índios) e outra aos quilombos (negros). Na noite anterior à festa, os participantes do Quilombo (negros e índios) "roubam" o que podem da população: canoas, animais, aves, utensílios, móveis, etc. Depositam o "roubo" no mocambo. A parte dramática se inicia com o roubo da rainha dos quilombos pelos caboclos. Estabelece-se uma luta, entrando em cena o "terno de zabumba" (conjunto musical composto de caixa, zabumba e dois pífanos) tocando alegres baianinhos (baião) e marchinhas.

A luta entre "caboclos" e "negros" é renhida e musicada, depois venda dos "escravos", vitória sobre os "caboclos" – reminiscência dos capitães-de-mato e entrega dos quilombos e caboclos ao "branco" que traz o manto da religião para perdoá-los e trazê-los novamente ao convívio.

Ver Documento Musical número 51.

* * *

QUILOMBO
(D.M. N.º 51)

a) Samba negro
Samba negro!
— Branco não vem cá.
Si vinhé?
    — Pau há-de levá. } Bis

b) Dá-lhe toré
Dá-lhe toré, dá-lhe toré,
faca de ponta
não mata mulé.

Quilombo. Entre a zabumba e a catirina (homem com trajes femininos), a rainha dos quilombos com uma flor na mão.

Os quilombos. Quadro a óleo, pintura popular (Iconoteca do autor).

CAPÍTULO VI | Aboio de roça

Os aboios de roça são diferentes dos aboios de gado. O aboio de roça é em dueto e o de gado é sempre homófono. O aboio de roça é uma forma de canto de trabalho, tem letra e é em dueto. O outro aboio, o de tanger gado, é solo. Noutras regiões o aboio é para orientar o gado na caatinga, na estrada, não tem letras; em Piaçabuçu, há porém o canto de uma quadra e a seguir o aboio, longo, triste, canto de uma sílaba só. Já o aboio de roça é menos triste e dá-nos a impressão de um desafio por meio de versos entremeados de prolongados "oi, ai, olá", cuja finalidade é excitar para maior produção de trabalho.
Ver Documento Musical número 52.

* * *

ABOIO DE ROÇA
(D.M. N.º 52)

Té minhã, eu vô m'imbora,
já hoje stô me arrumano, ô boi, ô
boi tá, meu boi tá, ô tá.
E o cavalo da viage tá no mato
se criano, ô boi, ô, tá.

* * *

Outros aboios

Meu cavalo está selado,
foi o negro que selô,
morro na ponta da faca
mas carrego Lionô,
ô, ô, ô gado manso...
ê, ê gado manso, ô boi.

*

O canto da meia-noite
é um canto incelente,
acordai quem tá drumino,
alegrai quem tá doente.
Eia, eia, ei, boa guia,
olé, ô boi, olá.

*

Minha mãe me deu de noite,
me mandô apanhá limão,
o que noite tão escura,
tenho medo de ladrão.
Oi, oi, boi, a,
ô, ô, ô, boi, o lá, ô
gado manso, ui, ui.

*

Eu sô aquele boi preto,
que briguei mais Azulão,
eu tirei fogo das ponta
lá naquela solidão,
oi, oi, gado manso,
oi, oi, vaca.

*

Sobrancelha de pau preto,
raio de sol quando nasce,
boca pequena bem-feita,
olhos que enganasse,
oi, oi, oi, boa guia, e lá ô boi.

*

Cobra verde não me morda
que aqui não tem curadô,
curadô que tinha aqui,
água do monte levô...
ô boi, eia, ei, eia... gado manso.

*

O rio de São Francisco
oi corre que desaparece,
oi no meio faz um remanso
oi onde meu bem padece,
ô, ô, ô, boi, oiá, ô, ô, gado manso.

*

Eu já sei fazê cancela,
também sei fazê morão,
onde este boi mete a perna
meu cavalo mete a mão,
ê, ê, ê, ê, boi...

*

O mamãi cadê Celina,
oi, Celina foi passiá,
os passeio de Celina, gado manso,
faz papai, mamãi chorá,
ei, ei...

*

Oi, marcha boi, marcha boiada,
oi, tamém marcha moreninha
do cabelo cacheado,
ô, ô, ô, boi... ô, boi, eta
já, já, já, ota...

*

Oi minina, me dê uma lima
da limera de seu pai,
a limera não é sua,
mais a lima sempre vai.
E, oi, oi, boa guia,
ê lá, ô boi, ê, ê, eta boi.

* * *

Aboio

Cravo não me chame rosa
que meu tempo se acabô,
me chame laranja verde,
do lado que não vingô.
Ô, ô, ô.

*

Deus salve casa santa,
onde Deus fez a morada,
Deus salve cálix bento
e a hóstia consagrada,
ô, ô, ô.

*

Ô lá de cima daqueles ares
caia raio, curisco e trovão
em cima de quem paga firmeza
com ingratidão.

CAPÍTULO VII | "Sentinelas"
(cantos de velório)

"Sentinelas" são os cantos desta instituição universal – o velório. Na sala onde está o defunto, os presentes à cerimônia cantam rezas, dentre elas uma popularmente denominada "incelências" ou excelências. Para que a reza surta efeito e tenha valor, cantam até doze, certamente porque doze eram os apóstolos de Jesus.

A "sentinela" só se processa à noite. Se quando estão cantando as rezas de guardamento, alguma pessoa passa pela porta (rua, estrada), um daqueles que se encontra no velório grita: – "Chegai, irimão das alma!". Outras vezes cantam uma reza especial (como a que registramos a seguir) para ver aumentado o número de guardadores do defunto.

Chegai, pecadô que há de morrê,
chama por Jesuis para tê valê.

Chama por Jesuis enquanto é tempo,
quando a morte vem, mata de repente.

Quando a morte vem, calada, sozinha,
dizendo consigo esta hora é minha.

Chama por Jesuis que Ele mandará
um anjo da guarda para te ajudá.

Torna a chamá, que Ele vem também,
cum seu anju da guarda, para sempre. Amém.

É costume, durante os trabalhos fúnebres, isto é, lavagem e vestimento do defunto, cantar rezas especiais para tais fins.

A "sentinela" é a missa laica de encomendação de defuntos que os pobres fazem na impossibilidade de pagar aquela da liturgia católica apostólica romana.

Ver Documentos Musicais de números 53 a 55.

* * *

"Sentinelas"
(D.M. N.º 53)

Nos domingo e dia santo
que as igrejas tão chamano
que nós no nosso batuque ⎫
e tu é que Jesus crama.   ⎭ Bis

E tu é que tá morta,
tanta morte arrepentina ⎫
tanto castigo que vorta. ⎭ Bis
Castigo havemo tê,
raio, curisco e trovão.

* * *

"Incelências"
(D.M. N.º 54)

Uma incelência, ⎫
ô mãi amorosa,   ⎭ Bis
seu filho vai morto
na vida saudosa.

Duas incelências, etc.

* * *

"DESPEDIDA"
(D.M. N°. 55)

Cantam como se o defunto estivesse despedindo-se:

Sua bença, mãi, ⎫
nos queirá butá, ⎬ *Bis*
os anjo me chama
não posso esperá.

Não posso esperá
esta dispidida,
hoje é o dia
da minha partida.

Meus irmão não chore
que eu não posso,
peço que me reze
outro Padre-Nosso.

Si forim rezado
de bom coração,
peço que me ofreça
em minh'intenção.

Dê a ismola aos cego
e aos filho sem pai,
quem faz a Jesuis Cristo
merecemo mais.

Adeus, minha mãi,
meu povo também,
eu vô pra eternidade
pra sempre. Amém.

CAPÍTULO VIII | Pastoril

Pastoril ou pastorinhas é um rancho alegre de meninas que, ano após ano, entoam nas visitas aos presepes e no tablado em praça pública, loas ao Deus-Menino. É a festa do solstício do verão.

As pastorinhas representam autos. É o festivo teatro popular, alegre, jocoso às vezes, mas quase sempre com as "jornadas" cheias de ensinamentos morais e religiosos. As músicas cheias de ternura enchem de encantamento as noites em que as pastorinhas visitam os presepes ou quando, nos dias de festa de Natal e Reis, o pastoril se apresenta no tablado.

Ver Documentos Musicais de números 56 a 65.

* * *

Entrada
(D.M. N° 56)

"BAILE DOS ASTROS"

Vamos, vamos, pastorinhas
no meio deste torrão sagrado.
Vamos ver o Deus-Menino
entre palhinhas deitado.

* * *

Pedido de licença
(D.M. N? 57)

Meu São José, dai-me licença
para o pastoril brincar,
nós viemos para adorar
Jesus no céu para nos salvar.

Boa noite, meus senhores,
viemos para anunciar,
somos nós as pastorinhas
que viemos aqui adorar.

Natal, data Santa,
tem doce recordação,
Natal a todos encanta,
nos alegra o coração,

Ainda hoje por encanto,
entre risos, entre flores,
festejar o grande santo
Salvador dos pecadores.

* * *

Entrada de pastoril
(D.M. N? 58)

Vinte e quatro de dezembro, ⎫
meia-noite deu sinal, ⎭ *Bis*
rompe a aurora primavera ⎫
hoje é noite de Natal. ⎭ *Bis*

Ontem à noite, eram dez horas,
acordada estava eu

quando o galo cantou:
em Belém Jesus nasceu.

Da rosa nasceu Maria ⎫
do cravo branco o Redentor, ⎬ Bis
da cravina nasceu São José ⎫
de nós todos protetor. ⎬ Bis

Do broto nasceu o galho,
do galho nasceu a flor,
da flor nasceu Maria
mãe do Nosso Salvador.

Do palmito nasceu a palma,
da palma nasceu o palmito,
quem subiu ao céu sem alma
foi a cruz de Jesus Cristo.

* * *

A LUA (DO BAILE DOS ASTROS)
(D.M. N.º 59)

É noite, o dia de gozo
para o coração humano,
ninguém baixou a terra
o rei do céu, do verão.
Eu também pareço
com muita alegria
para festejar
tão belo dia.

* * *

Boa noite
(D.M. N.º 60)

Boa noite, meus senhores, todos,
boa noite, senhoras também,
quedê a mestra, que aqui está
sou contramestre deste Pastoril.

* * *

Cavaquinho tocando
(D.M. N.º 61)

Cavaquinho tocando
meu violão a chorá,
Pastoril é do amô
é da pancada do ganzá.

Vamos, vamos, pastorinhas,
vamos todas para o sul,
ô minha gente dar um viva
meu partido é o azul.

O teu sorriso m'encanta
o teu olhar me faz chorá,
pastoril é do amô,
é da pancada do ganzá.

Vamos, vamos, pastorinhas,
vamos todos a Belém,
minha gente dar um viva
à nossa Diana também.

* * *

Boas festas
(D.M. N° 62)

Boas festas, ó meu senhores,
parabéns aos jovens também,
chegou agora nossos louvores
a boa nova que do ano vem.

A mestra eu sou sincera e contente,
venho cantando alegre a sorrir.
Vejam meus senhores e minhas senhoras,
eu sou a mestra deste Pastoril.

Sou contramestra sincera e contente,
venho cantando alegre lá do sul,
vejam meus senhores e minhas senhoras,
sou contramestra do Cordão Azul.

Sou a Diana, não tenho partido,
o meu partido são os vossos corações,
vejam meus senhores e minhas senhoras,
sou a Diana destes dois cordões.

* * *

Retirada
(D.M. N° 63)

Já deu meia-noite
e o galo cantou, tou
e as estrelas, e as estrelas
vão se escondendo.

A aurora de hoje
já vai amanhecendo,
e as pastoras
vão se recolhendo.

* * *

EM MEU JARDIM
(D.M. N? 64)

Em meu jardim eu tenho
para ofertar a meu amor,
trago rosas e mil flores,
com perfume embriagador.

A linda mestra é uma roseira,
a contramestra é um craveiro,
a Diana é uma cravina
e as pastorinhas são as jardineiras.

* * *

CIGANA
(D.M. N? 65)

Sou uma cigana feiticeira, (*Bis*)
sempre alegre no verão,
leio a sorte quase inteira (*Bis*)
em qualquer palma de mão.

Sou do Egito, venho a Belém
ver quem é nascido para nosso bem,
pastorinhas vamos adorar
a Jesus nascido para nos salvar. (*Bis*)

Pastorinha com seu cajado.

CAPÍTULO IX | Coco

É a dança dos pobres, dos desprovidos da fortuna, daqueles que possuem apenas as mãos para dar ritmo, para suprir a falta do instrumento musical. O canto é acompanhado pelo bater de palmas, porém palmas com as mãos encovadas para que a batida seja mais grave, assemelhando-se mesmo ao ruído do quebrar da casca de um coco.

Nas rodas-pagode alagoanas nunca faltam os bons cantadores, os sapateadores e o ritmo envolvente e convidativo do coco.

Ver Documentos Musicais de números 66 e 67.

* * *

LÂMPI
(D.M. N? 66)

É Lâmpi, é Lâmpi, é Lâmpi,
é Lâmpi, é Lampião,
meu nome é Virgulino
apilido é Lampião.

Papai me dê dinhero
pra eu comprá um cinturão,
que a vida de um soltero
é andá mais Lampião.

Lampião disse que tem,
um sobrado nim Princesa
pra botá a moça rica
que é neta da baronesa.

Lampião, quano desceu
de Princesa pra Varginha
troxe a pracata ferrada
pra pisá armofadinha.

* * *

CADÊ SUA MULÉ
(D.M. N? 67)

Ô Lampião, cadê sua mulé?
o soldado carregô
foi deixá no Nazaré.

Lampião disse que tem
um sobrado nim Princesa
pra botá a moça rica
que é neta da baronesa.

Lampião quando chegô
de Princesa pra Matinha
troxe alprecata ferrada
pra pisá de almofadinha.

Lampião é chupa-chupa
Antonho Conseiero é chupadô,
Lampião é um curisco
daquele faiscadô.

CAPÍTULO X | Candomblé

No candomblé há o culto dos grandes deuses que vivem num mundo misterioso. O culto a esses deuses tornou-se numa religião de iniciação, onde há reclusão para admissão. É a religião africana trazida para o Brasil pelos nagô, banto, gege, etc. Atualmente muito modificada devido ao sincretismo religioso motivado pelos contatos culturais: influências advindas de nossos índios e dos brancos. É claro que, no candomblé, a religião domine a magia, não é a cura das moléstias o seu principal elemento, e isto o distingue do Toré. A finalidade primordial do candomblé é fazer, através do êxtase, com que os homens possam penetrar nesse mundo dos deuses, num mundo cheio de mistérios, por meio da dança selvática e do canto monótono, ao som de atabaques, membranofônios batidos vigorosamente, retinir de campas – dança e cantos caminhos pelos quais atingem o êxtase místico. Os orixás, vindo ao encontro dos mortais, proporcionam alegria, cuja chegada é saudada com cantos; ao baixar cumprimentam os presentes, transmitem conselhos, abraçam seus conhecidos. Depois que o orixá recebe a sua "linha" (melodia) para deixar a filha-de-santo na qual se manifestou, é preciso um "despacho". "Quando estão tomados pelos orixás, não são mais os negros, os brancos e mulatos que estão dançando, mas sim os próprios deuses da África. Os movimentos são rítmicos, os corpos revoluteiam, a música enreda a todos, os cantos são envolventes.

Candomblé. O "pai e a mãe-de-santo" (zeladores dos "inquices" ao lado do "rumpi" (atabaque litúrgico) com seu alabê (tocador principal). Sobre a mesa duas imagens de Dona Janaína e uma vela. Atrás estão as "filhas-de-santo", isto é, as sacerdotisas do culto afro-brasílico e um "opam" (membro masculino da seita).

O Candomblé não é um método de excitação de fenômenos patológicos, porém uma técnica de controle social da vida mística."
Ver Documentos Musicais de números 68 a 80.

* * *

É UM TATÁ
(D.M. N.º 68)

É um tatá,
que nos lá de um,
ora que nô zi lá de cô,
é um tatá
ara de chê ca nê
de um nenê
de um que lá de cô.

* * *

OGUM DE LÊ
(D.M. N.º 69)

Ogum de lê
ta-ra-ta-tá
Ogum dê.

Vamo zoiá. (*Coro*)

* * *

OGUM ESTÁ ME OLHANO
(D.M. N.º 70)

Oiá, oiá, oiá,
Ogum está me olhano, Ogum

o que foi qu'eu fiz, Ogum
que Ogum tá me chamano?

* * *

OGUM, OGUM, OGUM
(D.M. N.º 71)

Ogum, Ogum, Ogum (*Solo*)

tatá iô ida. (*Coro*)

* * *

É DE NANÁ
(D.M. N.º 72)

É de naná iu ai
É de naná iu a ê.
É de naná iu ai
É de naná iu a ê.

* * *

Ô LIRÊ, Ô LIRÁ
(D.M. N.º 73)

Meu o-qui-té
é um pássu [pássaro]
que no mundo eu amei.

Ô lirê, ô lirê,
ô lirê, ô lirá. } *Coro*

* * *

QUE NÃ BATÁ
(D.M. N.º 74)

Que nã batá
que nã virá
caxabiá
matarambu
aiê, aiê, que nã batá,
que nã virá.

* * *

COSME E DAMIÃO
(D.M. N.º 75)

Cosme e Damião,
sua santa já chegô,
veio do fundo do má,
Janaína le mandô.

* * *

ATIREI
(D.M. N.º 76)

Atirei o queia,
atirei bari
pa areia do má.

* * *

UM DINHA NÊ
(D.M. N.º 77)

Um dinha nê, um dinha nê
d'Aruanda ê,
lagero tão grande,
tão grande d'Aruanda ô.

* * *

Deus vos salve
(D.M. N.º 78)

Que Deus vos salve,
bandera divina,
que Deus vos salve,
bandera reá,
que Deus vos salve,
todos oxóssi
dentro deste canzoá.

(Ao repetir, vai saudando, os inquices, tatá oxóssi, minha mãe, etc.)

* * *

Ogum venceu a guerra
(D.M. N.º 79)

Ogum venceu a guerra
já mandei oiá, oiá,
Ogum venceu dilê,
já mandei oiá, oiá.

* * *

Babalorixá
(D.M. N.º 80)

E babalorixá, e ô, (*Bis*)
ei cajé,
canjerê oi cajé. (*Bis*)

CAPÍTULO XI | Toré

Cerimônia religiosa de origem ameríndia, na qual as pessoas buscam remédios para suas doenças, procuram conselhos com os "caboclos" ou "encantados" que "baixam". O mestre de toré (dirigente) defuma, receita, aconselha. Certamente é o mesmo catimbó dos arredores das capitais e grandes cidades nordestinas, onde os destituídos da fortuna procuram, como oráculo, um lenitivo para seus penares e desditas.

Durante a reunião há inicialmente a "abertura da mesa" e para os "caboclos baixarem na terrera", precisam ser chamados na "piana" por meio de um canto – "linho" ou "linha" e toques de maracá. Os membros do toré se reúnem às quartas-feiras e sábados, logo após o sol se pôr – é a "chamada" – conforme a denominam os seus freqüentadores.

Ver Documentos Musicais de números 81 a 85.

* * *

Mesa de toré. Também chamada "piana". Em primeiro plano (à direita) vê-se um maracá para chamamento do "encantados", e à esquerda um rosário arrumado formando o signo de Salomão. No centro da estrela há um copo com água – a "vitrina". Em último plano estampas e imagens de santos católicos romanos.

ABERTURA DE MESA DE TORÉ
(D.M. N.º 81)

Abre-te mesa do rio verde
cidade de Jurema   } Bis
é dos campos verde.

Santa Teresa
me acenda essa luz,
caboco de Jurema
vem guiado por Jesuis,
meu rei senhô
Jesuis pai criadô,
abre os tronco da Jurema
sinhô mestre é quem mandô.

Malunguinho, ó Malunguinho } Bis
Caboco índio reá,
abre as porta da direita
pos bom mestre trabaiá
fecha as porta da esquerda
pos contrário não vim cá.

* * *

QUEM VEM LÁ
(D.M. N.º 82)

Quem vem lá é boiadero,
quem vem lá, boiadero eu sô.

* * *

Toré (abertura de mesa)
(D.M. N? 83)

O Divino Esprito Santo
desceu para nos salvá, (Bis)
co'os poderes do Divino
Pai Eterno em jurema } Bis
abre o juremá.

O Divino Esprito Santo
desceu para nos valê, (Bis)
co'os poderes do Divino
Pai Eterno em jurema } Bis
Deus do céu cum seu pudê.

De lá vino meu menino
chavero do outro mundo, } Bis
vô buscá meus caboquinho
daqueles porão tão fundo. } Bis

O meu padre Santo Antônio
vaquero dos encantado,
vô abrino a minha mesa
com Jesuis sacramentado.

Valei-me São Benedito
e a senhora Santa Cruz,
tô abrino a minha mesa
co'a cinco chaga de Jesuis.

As conta de meu rosário
são bala de artileria
eu combato os meus inimigo
cum Padre-Nosso, Ave-Maria.

* * *

SAUDÁ DONA JULITA
(D.M. N.º 84)

Deus vos salve, boiadero, ⎫
Deus vos salve, pessoá, ⎬ *Bis*
Deus vos salve, dona Julita
no tronco do juremá.

* * *

CABOCO DE MURINGANGA
(D.M. N.º 85)

Eu sô caboco
Muringanga.
E tai, tai, ê,
da Muringanga
ê tai, tai, ê.

CAPÍTULO XII | Baianas ou baianá

Quando se aproxima a vacância agrícola em Piaçabuçu, a atividade rítmica por excelência à que se entregam as mocinhas do povo é popularmente chamada "Baianá" ou dança das baianas. Os ranchos se compõem de doze mocinhas cuja idade varia entre 12 a 20 anos e se exibem em "cercado", adrede preparado por um bodegueiro. O cercado é feito de paus roliços e enfeitados com bandeirolas de papel colorido. É óbvio que o "cercado" feito pelo bodegueiro tem a finalidade de isolar o grupo de bailarinas e terno de zabumba do público.

Dança e evoluções são simples. Enquanto dançam, cantam, requebram o corpo, aproveitando o ritmo profano e quente ditado pelo terno de zabumba.

Ver Documentos Musicais de números 86 a 96.

* * *

Boa noite, seu Rufino
(D.M. N° 86)

Boa noite, seu Rufino
boa noite eu venho dá,
quero que me dê licência
em seu terrero eu brincá.

Baianá. As quatro primeiras participantes do grupo e sentados os tocadores do terno de zabumba.

Minha gente me desculpe
qu'eu estô muito acanhada,
é de amanhã im diante
que eu stô exercitada.

Boa noite meus sinhores,
boa noite eu venho dá,
que as baianinha da Cuca
está pronta pra brincá.

Agora eu quemei os pé
botei o calçado fora,
aqui com pouca memória
baiana venha de dez.

Eu brincando nesta sede
eu brinco até fevereiro
que o nome da minha mestra
é Maria das Virge Ferreira.

* * *

Dotô Alceu
(D.M. Nº 87)

Dotô Alceu,
sinhô é o maió
parece a luz do sol
quano vem clariano.

À minha gente
agora estô cantando
olha a mestra Cuca
como está rimano.

* * *

Os americano
(D.M. Nº 88)

Os americano inventaro ⎫
um tal de moto balão, ⎬ Bis
anda no mundo e não voa,
fazeno a vez de avião.
Ele também carrega
mais de oitenta pessoa
anda no mundo e não voa
vai maneirinho pelo á.

A mestra senhora Cuca
é pronta para rimá,
viva o sargento Virgílio
com todo policiá.

O meu tocadô, tocadô Doé
é quem sabe batê o bombo,
de longe escuito um estrondo
da cidade Palmeira,
que de minhas companhera,
quedê a mestra Maria
cantano peça que rima
provano que é brasilera.

* * *

Olha o tombo do navio
(D.M. Nº 89)

Olha o tombo do navio,
olha o balanço do má,
na capitá que nós chegá
nós temo toda que saltá.

Este navio de guerra
pelo som que nós já tinha,
arrequebra baianinha,
vai ao chão e torna voltá.

* * *

Eu bem que disse
(D.M. Nº 90)

Eu bem que disse a baiana } Bis
que não compre peixe que vem da maré, }
caranguejo é bicho danado,
só anda amarrado, só compra quem qué.

* * *

Ó minha gente
(D.M. Nº 91)

Ó minha gente
eu não gosto de ninguém,
só pió do que o trem
quano apita na Favela.

Olhei pra ela,
ela olha pra mim,
moça bonita é assim,
roxinha, cor de canela.

* * *

Ó MINHA MESTRA
(D.M. N°. 92)

Ó minha mestra
agora vô lhe avisá,
que nós não somo daqui
stamos jurada pra apanhá;
stamos brincano
co' ordem do delegado,
quem não gosta das baiana
é favô não vim olhá.

Embaxadora
agora vô lhe avisá
que nos não somo daqui,
stamo jurada pra apanhá;
quem nunca viu, venha vê
e quem nunca viu venha olhá
as baiana se requebrá.

* * *

RAPAZ SOLTEIRO
(D.M. N°. 93)

Rapaz solteiro que não tem dinhero, ⎫
não vai à festa para namorá, ⎬ Bis
colega vai, pede um cigarro a ele, ⎭
ele arresponde: – deixei de fumá.

Eu tenho pena é do pescadô
quano ele vai para o mar pescá,
no meio do mar a jangada vira,
ô vira, vira e torna a virá.

* * *

Eu me embarquei
(D.M. Nº 94)

Eu me embarquei outro dia na canoa,
eu fui a Lisboa onde tinha sururu,
o azu é que vai acontecê,
eu quero vivê em Piaçabuçu.

* * *

Eu fui no má
(D.M. Nº 95)

Eu fui no má, eu fui tirá brilhante,
eu avistei distante um palácio;
fiz um compasso e foi na pedra rimá,
eu vejo uma mina de aço.

Ai, seu mestre não dê com seu cipó
que na ponta tem um nó,
que é danado pra doê,
dói mais que pimenta-malagueta
e o cantô ficô em eta,
não tem pra onde corrê.

* * *

Baianá quem te botô
(D.M. Nº 96)

Baianá quem te botô
este lindo anel em seu dedo?
Foi a minha mestra nova
pra dançá baianá sem medo.

Tava em tombadô
na festa de batuque
baiana botô luto
na morte do Heitô,
o vapô apitô
e o maquinista desceu,
vamo vê quem morreu
debaixo do vapô.

CAPÍTULO XIII | Marujada

A marujada é um capítulo dramatizado das lutas trágicas da conquista do mar vivido pelos portugueses; nela o canto é resto de lamúria dos muitos naufrágios que fizeram chorar a alma lusitana. A Chegança, outro nome dado à Marujada, compõe-se de páginas dos feitos náuticos, cantada pelos homens simples de Piaçabuçu sob o comando de Manuel Inácio do Nascimento, na maioria pescadores acostumados à haliêutica, capazes de interpretar com sentimento aquela epopéia de lágrima e de dor que ficou fora dos cantos dos Lusíadas, mas que está viva na alma da gente simples do Brasil. São farrapos da epopéia marítima de Portugal alinhavados pelos versos e cantares ora alegres, ora tristes dos membros da Chegança, cuja representação se dá na praça pública onde armam uma barca de nome "Santa Cruz". Nessa ribalta popular os marujos da Chegança evocam com um lirismo quase luso, sem o saber, o naufrágio de Jorge de Albuquerque Coelho ao regressar do Brasil em 1565.

Apenas algumas melodias foram selecionadas.
Ver Documentos Musicais de números 97 a 99.

* * *

Imagem do Senhor Bom Jesus dos Navegantes. Conduzida por ocasião da festa pelos participantes da Chegança de Marujos. A charola é a miniatura de um barco.

Na bela Catarineta
(D.M. N? 97)

Na bela Catarineta
agora eu vô le contá,
sete ano e um dia, o-tra-linda,
andei nas onda do má.

Não tinha o que comê
nem também o que manjá,
botando sola de molho, o-tra-linda,
pra no domingo jantá.

A sola era tão dura
que não podia tragá.

Sobe ali um gajero,
meu gajerinho reá,
pra ver si avista a França, o-tra-linda
areias de Portugá.

Avista meu comandante,
avista, avista lhe venho dá,
não avisto terra de França, o-tra-linda,
nem areia de Portugá.

* * *

Olha da proa
(D.M. N? 98)

– Olha da proa,
meu contramestre!

– Que é lá isso
que tu lindo chama?

– É uma nuve escura
que nos aparece.

* * *

Canto de encerramento da marujada
(D.M. N? 99)

Alagoana, chegue na jinela,
Alagoana, chegue na jinela,
venha vê soldado, lindo amô, ⎫
quando vão pra guerra.   ⎬ *Bis*
                                ⎭

CAPÍTULO XIV | Canto de cego

Velho costume que ainda se conserva vivo nas feiras nordestinas é o dos cegos pedintes. Na Idade Média quando os não-videntes, desprezados párias, para mover a comiseração humana, iam para as feiras, agrupavam-se e procuravam imitar uma orquestra, um deles se fazia de regente e a atitude grotesca assumida por estas desventuradas criaturas humanas provocavam risos e então atiravam algumas moedas para a "orquestra muda". Hoje nas feiras nordestinas aparecem cegas. Alguns cantam, outros tocam instrumentos. Quando eles não têm a habilidade de tocar algum instrumento, duetam um canto jeremiado pedindo esmolas.

O cego ao cantar pedindo esmola, seus cantos têm quase sempre a mesma melodia e o "peditório" pouco varia. Quando a recebe canta agradecendo. Deste costume surgiu o dito popular: "não tenho nem um vintém para fazer um cego cantar".

Ver Documento Musical número 100.

* * *

Os cegos. Pedintes das feiras livres nordestinas. Em geral, usam dois bastões: um para o guia dirigi-lo e outro para ele próprio ir tateando onde pisará. Trazem uma cuia para receber as esmolas.

Canto de Cego
(D.M. Nº 100)

a) – Meu irmão me dê uma esmola
nas hora de Deus, Amém.
Eu fui quem cheguei agora,
peço lecença premero a Menina da Sinhora,
tô pedino e tô rogano, ⎫
meus sinhores e sinhora. ⎭ Bis
Filhos de Nossa Sinhora
abre tudo o coração
de vê o cego pedino
na frente dos bom cristão,
eu salvo a Deus, eu peço esmola
pela sagrada paixão
e pela linda luz dos olho
me dê uma esmola, irmão.

b) – Me dê uma esmola, irmão
daquela que Deus le dá
tem a santa paciência
cá sorte é Deus quem dá.
São três pobres penitente
que não pode trabaiá,
por caridade eu le peço
tenha pena do meu pená.
Quem não vê pá trabaiá
que alegria pode tê?
Perdeu o gosto da vida
veve triste até morrê,
meus sinhores e sinhora
por Deus queira nos valê.

Agradecimento das esmolas recebidas:

a) – Deus le pague a sua esmola
de vê recompensada
aí os anjos têm alegria
Nossa Senhora le pague,
Deus le dê a luz da vida
saúde e felicidade,
que se veja na gulória [glória]
quem nos fez a caridade.
Aí esta outra recebida
quem me deu de coração,
neste mundo ganha um prêmio
no outro a salvação.
E há de sê bem ajudado
da Virge da Conceição.
Deus le dê a eterna gulória
Deus le dê a salvação,
Seja coberto de graça
da Virge da Conceição.

b) – A Virge da Conceição
ela seja a sua guia
dos cristãos que dão a esmola
com prazê e alegria
no reino do céu se veja
com toda sua família.
E conserve a luz dos olhos
Senhora Santa Luzia
Nossa Senhora das Dores
ela seja a sua guia.
O cristão que deu a esmola
com prazê e alegria
Jesuis Cristo na gulória
deve está muito contente
de vê seu filho devoto

     dando esmola aos penitente
     tou pedino e tou rogano
     no meio de tanta gente.

c) – Deus le pague a sua esmola,
     Deus le leve num andô
     acompanhado de anjo
     cerculado de fulô,
     ai no lado da mão dereita
     le pague Nosso Senhô.
     Abençuada seja a mão
     de quem a esmola butô
     que se veja no eterno
     nos pés de Nosso Sinhô,
     Nossa Sinhora le pague
     Deus do céu abençuou
     com toda sua família
     Deus o bote no andô
     acompanhado de anjo
     cerculado de fulô. [flor]

d) – Quem me deu esta esmola
     quem me deu com alegria
     no reino do céu se veja
     com toda sua família,
     Nossa Senhora das Dores
     ela vai em sua guia,
     do cristão que deu a esmola
     com prazer e alegria.
     Ô que mão abençuada
     do cristão que deu a esmola
     a benção do céu lhe venha
     da mão de Nossa Senhora
     Jesuis Cristo é quem lhe paga
     Deus le dê a eterna gulória.

e) – A esmola quem le pede
   meus sinhores e senhoras
   é quem perdeu a luz dos olhos
   não tem mais o que enxergá,
   perde o brio, perde a vergonha
   perde o jeito de andá,
   meus irmãos me dê uma esmola
   daquela que Deus le dá.

f) – Quem nasceu cego da vista
   que dela não se usou
   não sente tanto sê cego
   como a quem vendo, cegô.
   Meus irmãos me dê uma esmola
   fílho de Nosso Sinhô (*Bis*)
   ai eu le venho é visitá
   venho le pedi uma esmola
   daquela que Deus te dá
   tenha a santa paciência,
   que a sorte é Deus quem dá.
   Ai este pobre penitente
   que não vê pá trabaiá,
   meus irmão me dê uma esmola
   pela santa do artá.

g) – Nossa Senhora pediu
   com seu joeio no chão
   que quem fizesse a caridade
   ela dava a salvação.
   Peça a um, eu peço a outro
   peço a todo bom cristão.
   Por caridade eu le peço
   por caridade me dão,
   cidadão que vão passano
   me bote um sinal na mão,

que os cego são quem pede
　　　e os de vista são quem dão,
　　　valei-me Nossa Senhora
　　　Mártir São Sebastião
　　　que os cego são quem pede
　　　os de vista são quem dão.

h) – Ô irmão me dê uma esmola
　　　eu lhe peço é por amô,
　　　tô pedino e tô rogano
　　　filho de Nosso Senhô
　　　dê uma esmola a quem le pede
　　　pelo Deus que nos criô.
　　　Pelo um Deus que nos criô,
　　　abrandando o bom coração
　　　o nome de Jesuis Cristo,
　　　não deixe cair no chão
　　　por caridade eu le peço
　　　por caridade me dão.

i) – Coitadinho de quem pede
　　　com suas necessidade,
　　　quem pede, pede chorano
　　　pra dá, carece vontade;
　　　ai coitadinho de quem pede
　　　com suas necessidade
　　　um pouco com Deus é muito
　　　e o muito sem Deus é nada.
　　　No mundo tanta beleza,
　　　com a morte tudo se acaba
　　　meus irmão me dê uma esmola
　　　devoto da caridade.

CAPÍTULO XV | O terno de zabumba e a salva

O "terno de zabumba" é um conjunto musical típico da região, conhecido também pelos nomes de "terno de música" ou como particularmente na comunidade é chamado: "esquenta mulher".

Compõe-se de dois tocadores de pífano, um tocador de caixa e um de zabumba. O pífano, pífaro, "pife" ou "taboca" é um instrumento aereofônio, o mais rudimentar dos instrumentos de sopro: um canudo de taquara com sete furos, um para os lábios e os outros para os dedos. É uma flauta primitiva. Zabumba e caixa são instrumentos membranofônicos de percussão indireta por meio de baquetas (cambitos); aquela grande e esta pequena, construídas pelos próprios tocadores. O terno de música alegra sempre as festas, festanças e festarias do baixo São Francisco. Está presente para acompanhar o bailado dos Quilombos, a dança das baianas, para tocar "salvas" nas rezas e acompanhar as procissões do meio rural e para os bailes onde não faltam, pois um baiano (baião) ou uma polca tocada por ele, todos os presentes dançarão, daí seu apelido de "esquenta mulé".

Salva é a música de "reza" tocada pelo terno de zabumba. Tocam para acompanhar rezas e novenas. Dizem que reza sem acompanhamento de música de zabumba é "reza de sentinela", de velório. Acompanham as procissões tocando as "salvas". A esse conjunto se deve a grande animação das rezas de novena do meio rural nordestino.

Terno de zabumba. Da esquerda para a direita: tocadores de pífanos de caixa e de zabumba.

A salva pode ser profana ou religiosa. É profana quando, numa festa familiar ou de bairro, um dos músicos diz uma quadra ou sextilha (o que é mais comum) e a seguir tocam uma peça musical correspondente a esses versos proferidos. A salva religiosa consiste na recitação de uma oração e a seguir executam a música dessa reza. As rezas declaradas pelos membros do terno de zabumba, são as mesmas que se cantam nos ofícios religiosos católicos romanos.

Na salva, quer profana ou religiosa, o dizer dos versos sempre antecede à música do instrumental. Há uma etiqueta observada pelos tocadores de salva: não se retiram os músicos do local ("cercado", capela ou casa) onde estiverem sem a *salva da despedida* que consiste no seguinte: os quatro membros do terno de zabumba, cada qual tem que proferir, geralmente improvisando, uma quadra elogiosa aos presentes, aos santos, aos donos da festa. Depois que todos os membros disseram seus versos, retiram-se tocando alegre marchinha.

Outra função religiosa do terno de zabumba, além das salvas, é sair para pedir esmolas, acompanhando respeitosamente uma imagem de santo. Dentre eles o mais comum é "Santo Antonio Caminhante". Caminhante pelo fato de ser conduzido numa pequena caixa de madeira ou papelão para o peditório.

DOCUMENTOS MUSICAIS

BOTA O NAVIO NO MAR
(D.M. Nº 1)

♩ = 112 **Coro**

An - da_a ro - da, ó gen - te, oi, siu, siu,

siu, va - mos va - di - á, oi, siu, siu,

siu se meu bem qui - sé me vê, oi, siu, siu,

siu, bo - ta_o na - vi - o no mar, oi, siu, siu,

Solo
siu, Me - ni - no, me dê_u - ma pi - nha, oi, siu, siu,

siu, me - ni - no, me dê_um pi - nhão, oi, siu, siu,

siu, me - ni - no, me dê seus o - lhos, oi, siu, siú,

siu, qu'eu te dô meu co - ra - ção, oi, siu, siu, siu.

ROSA VERMELHA
(D.M. N.º 2)

♩=132 **Coro**

A ro-sa ver-me-lha é do bem que-rê, a ro-sa ver-me-lha e bran-ca hei de a-má a-té mor-rê. Mi-nha mãe não qué qu'eu vá na ca-sa de meu a-mô, eu vô per-gun-tá a e-la si e-la nun-ca na-mo-rô.

ROSA AMARELA
(D.M. N.º 3)

♩=132 **Coro**

Ó ro-sa, ro-sa a-ma-re-la, ó ro-sa a-ma-re-la eu sô, eu sô a ro-sa a-ma-re-la, cra-vo bran-co é meu a-mô.

Solo

Lá vem a lu-a sa-in-do por de-trás da sa-cris-ti-a, deu no cra-vo, deu na ro-sa, deu na mo-ça qu'eu que-ria.

Penedo vai
(D.M. Nº 4)

♩=120

Pe - ne - do vai, Pe - ne - do vem, Pe - ne - do é ter - ra de quem quer bem! Ve - nha cá, Su - za - na, ve - nha cá, meu bem, vo - cê é das ou - tras é mi - nha tam - bém.

Me amá Maria
(D.M. Nº 5)

♩=132

Me - a - má Ma - ri - a Me - a - má Ma - ri - a Ma - ri - á meu bem, me - a - má que quer di - zê Ma - ri - á meu bem.

Quem tem a - mor en - co - ber - to, Ma - ri -
meu a - mor é um me - ni - no, Ma - ri -

á meu bem, ju - ra fal - so a - té mor -
á meu bem, é no - vi - nho se que -
rê, Ma - ri - á meu bem, bem.
bra - no... Ma - ri - á meu

MEU PAPAGAIO
(D.M. N.º 6)

♩=132

Meu pa - pa - gaio das a - sas dou - ra - da, quem tem na - mo - ra - do brin - ca. Meu pa - pa -

Solo gaio, quem tem na - mo - ra - do brin - ca, *Coro* meu pa - pa -

Solo gaio. Quem me de - ra, de - ra, de - ra, *Coro* meu pa - pa -

Solo gaio, quem me de - ra pra mim só, *Coro* meu pa - pa -

Solo gaio, me dei - tá na su - a ca - ma, *Coro* meu pa - pa - gaio, *Solo* me co -

bri cum seu len - çol, *Coro* meu pa - pa - gaio. *Fim* Meu pa - pa -

Meu Azulão
(D.M. Nº 7)

Coro:
Meu azulão, oi, paro, aro, aro, a-vuadô, oi, paro, aro, aro, entrô na roda, oi, paro, aro, aro, ai meu amô, oi, paro, aro, aro.

Solo:
Atirei o limão verde, no fun-

Coro:
oi, paro, aro, aro,

do de uma bacia, deu no

oi, paro, aro, aro,

cravo, deu na rosa deu na

oi, paro, aro, aro,

moça que eu queria a.

oi, pa - ro, a - ro, a - ro,

CIPÓ DE MORORÓ
(D.M. N.º 8)

♩=120

Eu tam - bém sou be - la no ci - pó de mo - ro - ró. Eu tam - bém sou be - la no ci - pó de mo - ro - ró.

POR ESTA RUA
(D.M. N.º 9)

♩=120

Por es - ta ru - a, ó do - mi - né, pas - siô meu bem, ó do - mi - né, o - rai por mim, ó do - mi - né, e por mais al - guém, ó do - mi - né.

CIRANDA
(D.M. Nº 10)

♩=112

Ci - ran - da, ci - ran - di - nha, va - mo to - da_a ci - ran - dá, va - mo dá a mei - a - vol - ta, vol - ta_e mei - a va - mo dá.

TORORÓ
(D.M. Nº 11)

♩=112

Eu fui a To - ro - ró be - bê á - gua_e não a - chei, a - deus be - la me - ni - na que_em To - ro - ró dei - xei, que em To - ro - ró dei - xei, com pra - zer e a - le - gri - a, Nos - sa Se - nho - ra de Ó, Nos - sa Se - nho - ra da Guí - a So - zi -

nha eu não fi - co, nem hei de fi - car por - que te -
nho Su - za - na pa - ra ser meu par.

O USO DESSA RAINHA
(D.M. N? 12)

♩ = 80

O u - so des - sa ra - i - nha, é um
u - so mais sin - gu - lar que põe seu jo - e - lho em
ter - ra faz o po - vo se a - d - mi - rá.

VOCÊ GOSTA DE MIM
(D.M. N? 13)

♩ = 69

Vo - cê gos - ta de mim, Ce - ci,
eu tam - bém de vo - cê, Ce - ci,
vô pe - di a teu pai, Ce - ci,

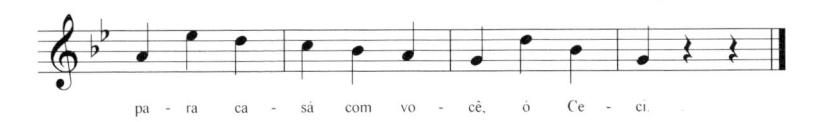

pa - ra ca - sá com vo - cê, ó Ce - ci.

ADEUS PALMEIRA
(D.M. N.º 14)

♩=120

A - deus pal - mei - ra en - can - ta - do - ra,

tem pe - na de meu so - frê,

tem pe - na de quem te a - ma, a -

deus pal - mei - ra de sau - da - de vô mor - rê.

UMA FLOR CHEIROSA
(D.M. N.º 15)

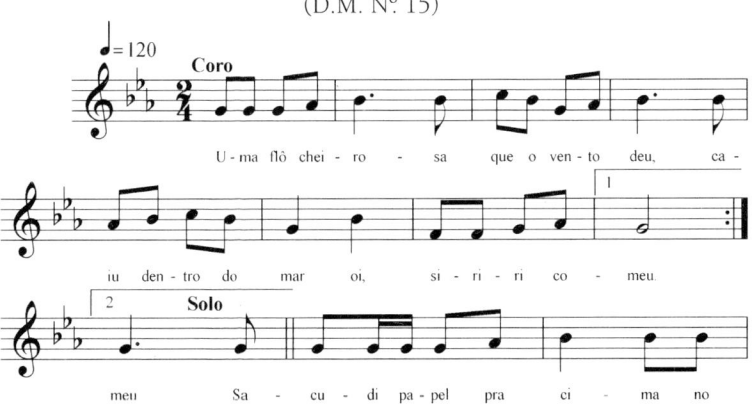

♩=120

Coro

U - ma flô chei - ro - sa que o ven - to deu, ca -

iu den - tro do mar oi, si - ri - ri co - meu.

Solo

meu Sa - cu - di pa - pel pra ci - ma no

ga - lho vi - rô a - çu - ce - na, meu co - ra - ção só pa -

de - ce por gen - te da cor mo - re - na.

Margarida
(D.M. Nº 16)

♩=112

Que - ro vê a Mar - ga - ri - da, o -
ri - da não se vê, o -

lé, o - lé, o - lá, que - ro vê a Mar - ga -
lê, o - lê, o - lá, Mar - ga - ri - da não se

ri - da, o - lé seus ca - va - lei - ros. Mar - ga lei - ros.
vê, o - lê seus ca - va

A chuva
(D.M. Nº 17)

♩=120

A chu - va qué cho - vê, o ven - to qué le -

vá eu vô pa - ra Ca - cho - ei - ra meu a - mô não qué qu'eu vá.

Atirei o pau no gato
(D.M. N.º 18)

♩= 120

A - ti - rei o pau no ga - to, tê - o - tô, mas o ga - to, tê - o - tô, não mor - reu, reu, reu, Do - na A - ti - lia a - d - mi - rou - se, se - o - se do mi - au, do mi - au que o ga - to deu. Miau!!!

Se esta rua
(D.M. N.º 19)

♩= 120

Se es - ta ru - a fos - se mi - nha, eu man - da - va la - dri - lhá com pe - dri - nha di - a - man - te pa - ra meu bem pas - si - á... Se es - ta ru - a fos - se mi - nha, eu man - da - va la - dri - lhá com pe - dri - nha di - a - man - te pa - ra meu bem pas - si - á...

ANDA RODA SIRIRI
(D.M. Nº 20)

♩ = 120

An - da ro - da, si - ri - ri, an - da ro - da, si - ri - ri, a ca - bo - cla me cha - ma eu não que - ro i.

DAI-ME LICENÇA
(D.M. Nº 21)

♩ = 72

Dai - me li - cen - ça bom bar - quei - ro, dai - me li - cen - ça eu pas - sá, te - nho mi - nhas fi - lhas pe - que - ni - nas, não pos - so mais me de - mo - rá. Pas - sa - rá? Pas - sa - rá? U - ma de - las há de fi - cá, si não for a da fren - te há de ser a de de - trás.

Eu fui ao jardim celeste
(D.M. N.º 22)

♩=132

Eu fui ao jar-dim ce-les-te, ge-ro-flé, ge-ro-flá. Eu fui ao jar-dim ce-les-te, já vou m'en-con-trá.

La Condessa
(D.M. N.º 23)

♩=80

Menina "A"
On - de mo - ra la Con - dessa, lin-gua de Fran - ça, dô de lan - ce - ta.

Menina "B"
Que que - reis com la Con - des - sa, que por e - la per - gun - tais?

Menina "A"
Se - nhor rei man-dou di - zê que das fi - lhas que vós tem, man - das se_u - ma ou du - as pa - ra en - si - ná - la bem.

Pai Francisco
(D.M. N.º 24)

♩=132

Pai Francisco entrô na roda, tocando seu violão, da ra rão, dão, dão, da ra rão, dão, dão diga lá seu Delegado, Pai Francisco está na prisão. Olhe como ele vem todo requebrado, parece um boneco desengonçado. O-lhe como ele ça-do.

Marinheiro, Marinhola
(D.M. N.º 25)

♩=80

Solo: Marinheiro, marinhola,
Coro: Eu
Quem te ensinô a nadar?
sô marinheiro. Eu

Foi o tom-bo do na-vi-o,
sô ma-ri-nhei-ro. Eu
E o ba-lan-ço do mar
sô ma-ri-nhei-ro. Eu

1 e 2
Ma-ri

3

1 e 2
sô ma-ri-nhei-ro.

3
nhei-ro.

Marré de si
(D.M. N.º 26)

♩ = 132

Eu sô ri-ca, ri-ca, ri-ca de mar-ré, mar-ré, mar-ré. Eu sô po-bre, po-bre, po-bre de mar-ré de si.

Teresinha de Jesus
(D.M. Nº 27)

♩ = 80

Te - re - si - nha de Je - sus, deu_u - ma que - da_e foi ao chão, a - cu - di - ram três ca - va - lei - ros to - dos_os três, cha - péu na mão.

Minha Machadinha
(D.M. Nº 28)

♩ = 112

Rom, rom, rom mi - nha ma - cha - di - nha,
Rom, rom, rom mi - nha ma - cha - di - nha, quem foi que pe - gô ne - la sa - ben - do que e - la_é mi - nha? quem foi que pe - gô ne - la sa - ben - do que e - la_é mi - nha? Sa - ben - do que_e - la_é mi - nha, eu tam - bém sô tua, etc.

Vem cá, ó Suzana ingrata
(D.M. N.º 29)

Vem cá ó Suzana ingrata qu'eu quero te dá um tiro, com a pistola de prata, e a bala de suspiro.

Eu vô para a Bahia
(D.M. N.º 30)

Eu vô para a Bahia, morená eu vô, eu vô para a Bahia vô vê meu amô. Minha mãe me deu uma sura de mulambo de rodilha, chorei foi de dengosa, que mulambo não doía.

Morena sessá o feijão
(D.M. N.º 31)

♩ = 72

Mo - re - na ses - sá o fei - jão, fei - jão, fei - jão, só se ses - sa_as - sim, é as - sim, é_as - sim, é_as - sim, é_as - sim, é_as - sim, só se ses - sa_as - sim.

Paraná sô eu
(D.M. N.º 32)

♩ = 120

Coro

Pa - ra - ná sô eu, pa - ra - ná eu sô, pa - ra - ná sô eu, ai de - lí - cia do a - mô.

Solo

Lá vem a gar - ça vo - an - do com a cor - ren - te no pé, des - gra - ça - do é o ho - mem que não quer bem a mu - lé.

Chô, chô, frê
(D.M. Nº 33)

♩ = 120

Coro
Choô, chô, frê eu que-ro ver ra-iá na bei-ra da pra-ia on-de can-ta o sa-bi-á.

Solo
Me-ni-no dos o-lhos de ve-lu-do seu pai não tem di-nhei-ro mas seus o-lhos va-lem tu-do.

Rema na canoa
(D.M. Nº 34)

♩ = 120

Re-ma na ca-no-a, pi-ra-ri-ri, re-ma na ca-no-a, pi-ra-ra-rá, re-ma na ca-no-a, pi-ra-ri-ri pa-ra meu bem pas-si-á. Mi-nha gen - - te ti - re ver - - - so qu'eu não pos - so mais ti - rá, já me dói o céu da boca eu não pos - so mais can - tá. **Ao 𝄋**

Carneiro lindo
(D.M. N°. 35)

♩ = 112

Car - nei - ro lin - do não me pren - da não, eu já te - nho quem me sol - te, quem me ti - re da pri - são. Car - nei - ro lin - do não me pren - da não, eu já te - nho quem me sol - te, quem me ti - re da pri - são. Mi - nha gar - ra - fi - nha bran - ca de Car - rei - ra pa - ra o Nor - te Car - nei - ro lin - do não me pren - da não tan - to bem qu'eu te que - ri - a com vo - cê não ti - ve sor - te.

Fim

Vamo Vadiá

(D.M. N.º 36)

♩ = 120

Coro: Ya-yá maninha, vamo vadiá,
em seu balanço, oi, vamo vadiá.
Em beira-mar, oi, vamo vadiá,
tararara, lá lá lá, oi, vamo vadiá.

Solo: Minha garrafinha branca, oi, **Coro:** vamo vadiá,
Solo: de carreira para o norte, oi, **Coro:** vamo vadiá,
Solo: tanto bem qu'eu a queria, oi, **Coro:** vamo vadiá,
Solo: mas com você não tive sorte, oi, **Coro:** vamo vadiá.

1. Ya
2. á.

Solo: Galo preto de Campina, oi, **Coro:**

va - mo va - di - á. Can - ta - dô do me - io - di - a, oi va - mo va - di - á. Quem eu que - ro não me qué, oi va - mo va - di - á. Ai quem me qué não tem va - li - a, oi va - mo va - di - á.

Quando a luma sai
(D.M. N.º 37)

♩ = 80

Quan - do a lu - ma sa - i, que qui - la - ri - á,
vô pe - gá treis ta - tu, treis ta - man - du - á.
Quan - do a lu - ma sa - i, que qui - la - ri - á,
que qui - la - ri - á, vô pe - gá treis ta -
tu, treis ta - man - du - á, que qui - la - ri - á,

que qui - la - ri - à, vô pe - gá treis ta -
tu, treis ta - man - du - á. Quan - do a lu - ma sa

Beleza
(D.M. Nº 38)

♩ = 60

Mo - re - ni - nho, mo - re - ni - nho be -
le - za, mo - re - ni - nho sin - gu - lar, be - le - za, cor mo -
re - na é coi - sa bo - a, be - le - za, pra quem sa - be a - pre - ci -
á, be - le - za. Be - le - za, oi, be -
le - za, oi, be - le - za, oi, Ao 𝄋
be - le - za, oi. Mo - re

Sericórea
(D.M. Nº 39)

♩ = 80

Ei - si - ei - ri - sei - có - re-a - rá. Ta - va na bei - ra da pra - ia só vi - a pe - na_a - vo - á. Ta - va na bei - ra da pra - ia só vi - a pe - na_a - vo - á. Ei - si - ei - ri - sei - có - re-a - rá. Ta - va na bei - ra da rá. À mei - a - noi - te bri - gan - do com o lu - bi - so - me o bi - cho qua - se me co - me, fi - quei ro - co de gri - tá. À mei - a - noi - te bri - tá.

Leo, o Leo
(D.M. Nº 40)

♩ = 112

O Leo, o Leo, o - lha_o ba - lan - ço do mar. O Leo, o Leo, o - lha_o ba - lan - ço do mar. Eu subi num estaleiro tirei um cravo com a unha, quem tomá o a mô dos outros não tem vergonha nenhuma.

A ONDA
(D.M. N? 41)

♩ = 132

Ia - iá o - lhe a on - da na pon - ta da a - re - ia, a on - da me pe - ga na pon - ta da a - re - ia.

Ô MARIÁ
(D.M. N? 42)

♩ = 72

Ô Ma - ri - á, eu que - ro a - pren - dê a na - dá ô Ma - ri - à...

Solo: Eu não canso de perguntá
Coro: Ô Mariá.

que dê o meu ramalhete,
Ô Mariá.

é um moreno rosado
Ô Mariá.

vestido de azu-ferrete.
D.C.
Ô Mariá.

Meu automóvel
(D.M. Nº 43)

♩ = 84

Coro

Meu automove tomba mas não cai, cheio de moças carregado de rapaz. Se-te e se - te são ca - tor - ze, três vez se - te, vin-te e um, te - nho se - te a - mô no mun - do, só te - nho pai - xão por um. paz. Tom - ba mas não caí,

D.C. ao 𝄌

che - io de mo - ças car - re - ga - do de ra - paz.

Oi, lá em casa
(D.M. N.º 44)

♩ = 132

U - ma ve - lha se zan - gô, pe - gô a rou - pa e mo - lhô, bo - tô de - bai - xo da ga - me - la (oi, lá em ca - sa). Lá vai a gar - ça vo - an - do, oi, lá em ca - sa, com a cor - ren - te na a - sa,

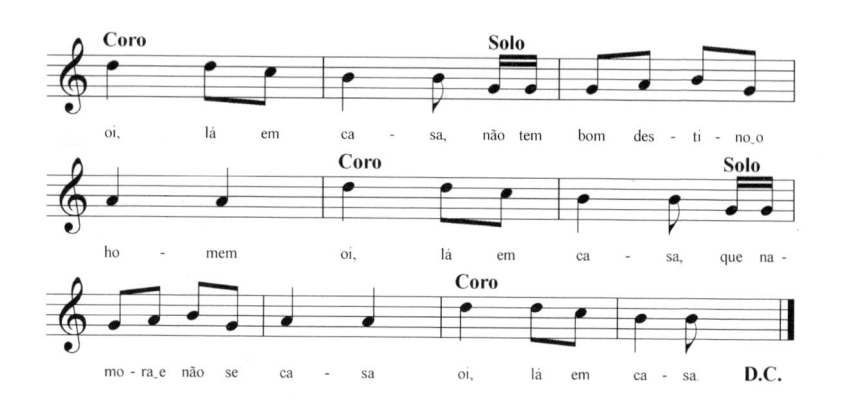

Coro: oi, lá em casa, não tem bom destino o
Solo: homem
Coro: oi, lá em casa, que na-
Solo: mora e não se casa
Coro: oi, lá em casa. D.C.

MEU PASSARINHO
(D.M. N.º 45)

♩ = 112

Meu passarinho, meu beija-fulô, dai-me novas de meu lindo amô...

Minha gente qué qu'eu diga seu Alceu ele quem é, é um cravo com a rosa no altá de São Jusé.

136

dai - me no - vas de meu lin - do a -
mô... Meu pas - sa - ri - nho, meu bei - ja - fulô.

Eu namorei
(D.M. Nº. 46)

♩ = 112 **Entrada**

Eu na - mo - rei, Brás, foi com vo -
cê, Brás, eu na - mo - rei pra fa - zê me - do pra Lu -

Coro

i - za. Eu na - mo - rei, Brás, foi com vo -
cê, Brás, eu na - mo - rei pra fa - zê me - do pra Lu -
i - za. Lá vai a gar - ça vo - an - do dos en -
con - tro vai fu - gin - do, é si - nal de quem qué bem pas - sa
por ou - tro sor - rin - do. Eu na - mo -

Ao %

Eu Não Pensei, Minina
(D.M. N° 47)

♩ = 88

Eu não pen - sei, mi - ni - na, não pen -
sei de te le - vá. Ma - né do Ri - a -
Tan - ta chu - va que chu -
chão, que pe - ca - do são os seu.
veu seu ri - a - cho não cor - reu.

D.C.

O Arroz É Boa Lavra
(D.M. N° 48)

♩ = 80

O ar - roz é bo - a la - vra vô man -
dá cu - lê, na en - tra - da do ve - rão vô man -
dá ven - dê. O ar - roz é bo - a la - vra as - sim
diz o la - vra - dô, eu não vô pran - tá ar -
roz pra cu - lê sem meu a - mô.

Roda Nova
(Extra A)

♩ = 80

Es - ta ro - da é no - va, es - ta ro - da é no - va, es - ta ro - da é no - va, e la é a - la - go - a - na - a - na. Te - le - gra - fei de Mar Ver - me - lho pra Vi - ço - sa a ru - a fi - cô den - go - sa quan - do a luz qui - la - ri - ô. Ma - jó Er - nes - to mo - ra na Pe - dra de Fo - go a - go - ra da - nou - se o jo - go que al - go - dão se ar - re - la - xô. O ma - jó Al - ves que mo - ra no Ca - fun - dó es - se com - pra mais mi - ô o al - go - dão do mo - ra - dô, o mo - ra -

dô por-que ven-deu al-go-dão fo-ra mor-reu não con-tô his-
tó-ria du-ma sur-ra que le-vô.

Minha cabocla
(Extra B)

♩ = 60

Ca - bo - cla, mi - nha ca - bo - cla, tu és do meu co - ra - ção.
Eu com u - ma vi - o - la, vo - cê com um vi - o - lão.
Eu can - to e vo - cê res - pon - de em u - ma be - la can - ção,
ah! Ta - va na - mo - ran - do u - ma ca - bo - cla Do - ru - bai
to - da vez que pas - so lá ca - bo - cla tá na ji - ne - la;
eu me ca - so com

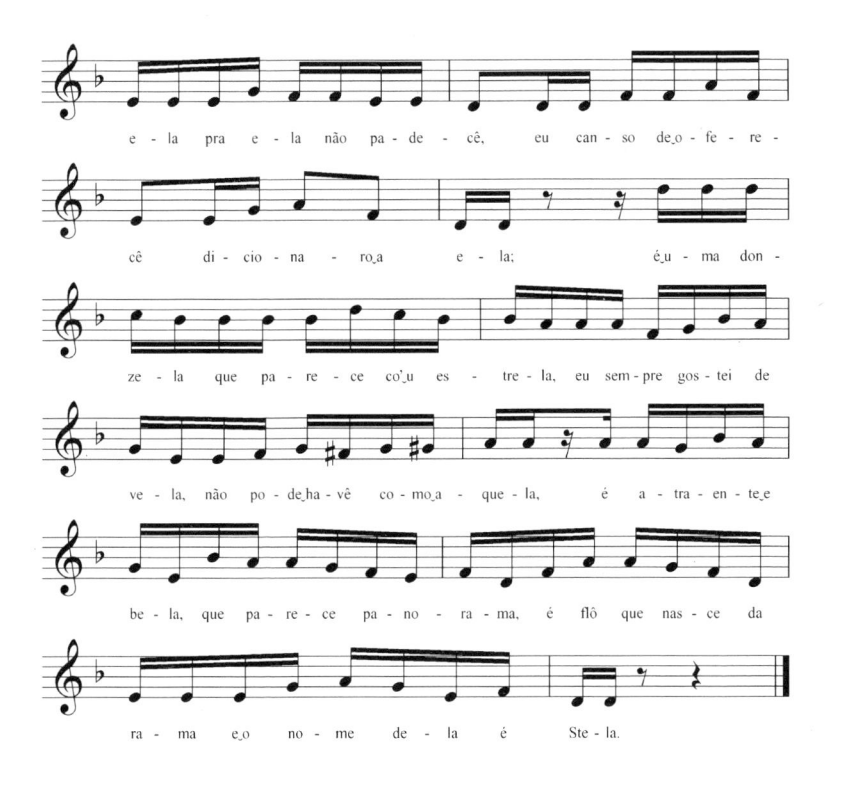

e - la pra e - la não pa - de - cê, eu can - so de‿o - fe - re -
cê di - cio - na - ro‿a e - la; é‿u - ma don -
ze - la que pa - re - ce co'‿u es - tre - la, eu sem - pre gos - tei de
ve - la, não po - de‿ha - vê co - mo‿a - que - la, é a - tra - en - te‿e
be - la, que pa - re - ce pa - no - ra - ma, é flô que nas - ce da
ra - ma e‿o no - me de - la é Ste - la.

DORME, SUZANA
(D.M. N.º 49)

♩ = 66

Dor - me, Su - za - na qu'eu te - nho‿o que fa -
zê, vou la - vá e go - má ca - mi -
si - nha pra vo - cê. É, é, é, é, é... Su -

zá - na é um be - bé, i, i, i, i, i, Su - za -
ni - nha vai dor - mi. Dor - me Su - za - na qu'eu
te - nho o que fa - zê, vou la - vá e go -
má ca - mi - si - nha pra vo - cê. A, a, a,
a, Su - za - na quer a - pa - nhá,
i, i, i, i, i, Su - za - ni - nha vai dor - mi...

Dança do bate-coxa
(D.M. Nº 50)

♩ = 80

São ho - ras de eu vi - rá ne - gro, eh!
boi... Mi - nha gen - te ve - nha vê com
meu ma - no va - di - á, eh!' boi, são

ho - ras de eu vi - rá ne - gro, tan - to faz, da - qui pr'a -
li, co - mo da - li pr'a - co - lá,
eh! boi... são ho - ras de eu vi - rá ne - gro.

Quilombo
(D.M. N.º 51)

a) Samba negro

♩ = 144

Sam - ba ne - gro! Bran - co não vem cá. Si vi -
nhé? Pau há - de le - vá. Si vi - nhé? Pau há - de le - vá.

b) Dá-lhe toré

Dá - lhe to - ré, dá - lhe to -
ré, fa - ca de pon - ta não ma - ta mu - lé.

Aboio de roça
(D.M. Nº 52)

♩ = 60

Té mi - nhã, eu vô m'im - bo -
ra, já ho - je stô me ar - ru - ma -
ma - to se cri - a -
no, ô boi, ô boi
no, ô boi, ô boi
tá, meu boi tá, ô,
tá, meu boi tá, ô,
ô boi
ô boi
tá, ô boi tá,
tá, ô boi tá,
meu boi. E o ca - va - lo da vi -
meu
a - ge tá no boi.

"Sentinelas"
(D.M. N.º 53)

♩ = 68

Nos domingo e dia santo que as igrejas tão chamano que nós no nosso batuque e tu é que Jesus crama, que nós no nosso batuque e tu é que Jesus crama, e tu é que Jesus crama. E tu é que deu a morta, tanta morte arrependina tanto castigo que vorta, tanta morte arrependina tanto castigo que vorta.

"Incelências"
(D.M. Nº 54)

Uma incelência, ô mai amorosa, seu filho vai morto na vida saudosa.

Despedida
(D.M. Nº 55)

Sua bença mãi, nos queirá butá, os anjo me chama não posso esperá.

ENTRADA
(D.M. N.º 56)

♩ = 132

Vamos, vamos, pastorinhas no meio deste torrão sagrado. Vamos ver o Deus Menino entre palhinhas deitado. Nossa entrada, o, pastorinhas, no meio des torrão sagrado. Vamos ver o Deus Menino entre palhinhas deitado.

Pedido de licença
(D.M. Nº 57)

♩ = 144

Meu São José, dai-me licença para o pastoril brincar, nós viemos para adorar Jesus no céu para nos salvar.

Entrada de pastoril
(D.M. Nº 58)

♩ = 120

Vinte quatro de dezembro, meia-noite deu sinal,

vinte quatro de dezembro, meia noite deu sinal,
rompe a aurora primavera hoje é noite de Natal,
rompe a aurora primavera hoje é noite de Natal.
Da rosa nasceu Maria do cravo branco o Redentor,
da rosa nasceu Maria do cravo branco o Redentor,

da cra - vi - na nas - ceu São Jo - sé de nós to - dos pro - te - tor, da cra - vi - na nas - ceu São Jo - sé de nós to - dos pro - te - tor.

A LUA (DO BAILE DOS ASTROS)
(D.M. N.º 59)

♩ = 66

É noi - te, o di - a de go - zo pa - ra o co - ra - ção hu - ma - no, nin - guém bai - xou a ter - ra o rei do céu, do ve - rão. nin - rão.

Eu tam - bém pa - re - ço com mui - ta a - le - gria

pa - ra fes - te - jar tão be - lo di - a.

Boa noite
(D.M. N.º 60)

♩ = 120

Boa noi - te, meus se - nho - res, to - dos,

bo - a noi - te, se - nho - ras tam - bém,

que - dê a Di - a - na, que a - qui es - tá

sou con - tra - mes - tre des - te Pas - to - ril.

Cavaquinho tocando
(D.M. Nº 61)

♩=120

Ca - va - qui - nho to - can - do meu vi - o - lão a cho - rá, Pas - to - ril é do a - mô é da pan - ca - da do gan - zá.

Boas festas
(D.M. Nº 62)

♩=120

Bo - as fes - tas, ó meus se - nho - res, pa - ra - béns aos jo - vens tam - bém, che - gou a - go - ra nos - sos lou - vo - res a bo - a no - va que do a - no vem. Bo - as

A mes-tra_eu sou sin-ce-ra_e con-ten-te,
ve-nho can-tan-do_a-le - gre_a sor-rir. Vejam meus se-nho-res e mi-nhas se-nho-ras,
eu sou a mes-tra des-te Pas-to - ril.

Retirada
(D.M. N.º 63)

♩ = 80

Já deu mei-a-noi-te e_o ga - lo can-tou, tou, e as es-tre - las, e as es - tre - las, vão se_es-con - den-do, e as es - tre - las, e as es - tre - las, e as es - tre - las, e as es -

tre - las,   vão se_es - con - den - do.

EM MEU JARDIM
(D.M. N.º 64)

♩ = 112

Em meu jar - dim eu te -
nho pa - ra_o - fer - ta_a meu a - mor,
tra - go ro - sas e mil flo - res,
com per - fu - me_em - bria - ga - dor.
A lin - da mes - tra é_u - ma ro - sei - ra,
a con - tra - mes - tra é um cra - vei - ro,
a Di - a - na é_u - ma cra - vi - na e_as
pas - to - ri - nhas são as jar - di - nei - ras.

Cigana
(D.M. N.º 65)

Moderato

Sou u-ma ci-ga-na fei-ti-cei-ra, u-ma ci-ga-na fei-ti-cei-ra, sem-pre a-le-gre no ve-rão, lei-o a sorte qua-se in-tei-ra lei-o a sorte qua-se in-tei-ra em qual-quer pal-ma de mão. Sou do E-gi-to, ve-nho a Be-lém ver quem é nas-ci-do pa-ra nos-so bem, pas-to-ri-nhas va-mos a-do-rar a Je-sus nas-ci-do pa-ra nos sal-var, a Je-sus nas-ci-do pa-ra nos sal-var.

Lâmpi
(D.M. N.º 66)

♩ = 112

É Lâm - pi, é Lâm - pi, é Lâm - pi, é Lâm - pi, é Lam - pi - ão, meu no - me é Vir - gu - li - no a - pi - li - do é Lam - pi - ão.

Cadê sua mulé
(D.M. N.º 67)

♩ = 112

Ô Lam - pi - ão, ca - dê su - a mu - lé? o sol - da - do car - re - gô foi dei - xá no Na - za - ré. Lam - pi - ão dis - se que tem um so - bra - do nim Prin - ce - sa pra bo - tá a mo - ça ri - ca que é ne - ta da ba - ro - nesa.

É UM TATÁ
(D.M. N.º 68)

♩ = 120

É um tatá, que nos lá de um, ora que nô zi lá de cô, é um tatá a ra de chê ca nê de um ne-nê de um que lá de cô.

OGUM DE LÊ
(D.M. N.º 69)

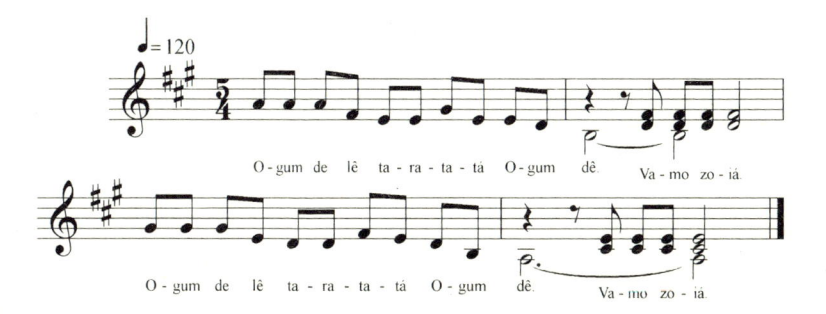

♩ = 120

O-gum de lê ta-ra-ta-tá O-gum dê. Va-mo zo-iá.
O-gum de lê ta-ra-ta-tá O-gum dê. Va-mo zo-iá.

Ogum está me olhano
(D.M. N.º 70)

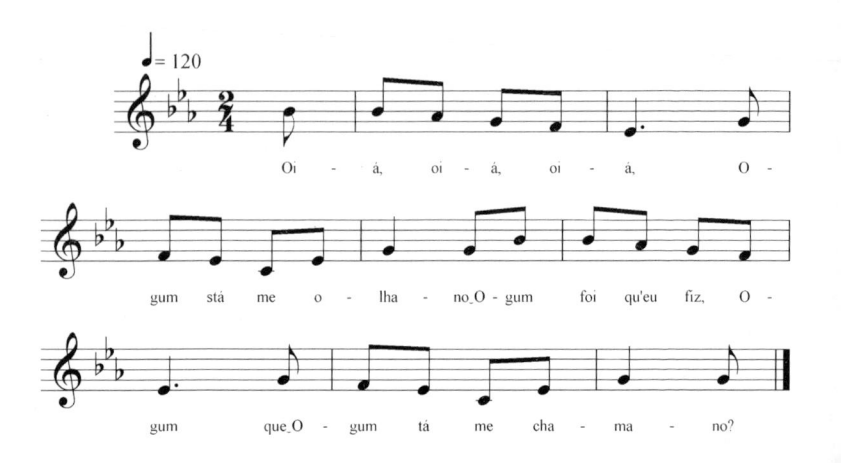

♩ = 120

Oi - á, oi - á, oi - á, O-gum stá me o - lha - no_O - gum foi qu'eu fiz, O-gum que_O - gum tá me cha - ma - no?

Ogum, Ogum, Ogum
(D.M. N.º 71)

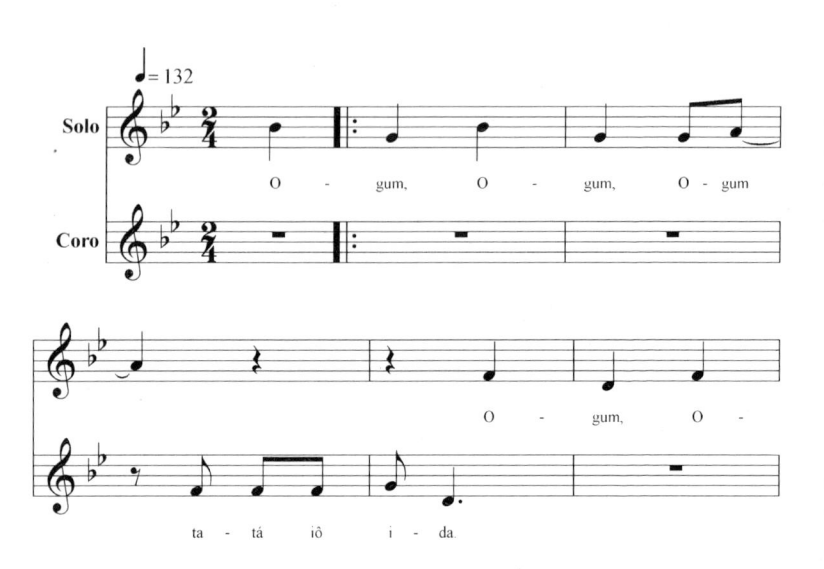

♩ = 132

Solo: O - gum, O - gum, O - gum

Coro: O - gum, O - ta - tá iô i - da.

É DE NANÁ
(D.M. N.º 72)

É de naná iu ai É de naná iu a ê. É de naná iu ai É de naná iu a ê.

Ô LIRÊ, Ô LIRÁ
(D.M. N.º 73)

Coro

Meu o-qui-tê é um pàs-su que no mun-do eu a-mei. Ô li-rê, ô lirê, ô li - rê, ô li - rá. Meu o-qui-té é um pás-su que no mun-do eu a-mei. Ô li-rê, ô li-rê, ô li - rê, ô li - rá.

QUE NÃ BATÁ
(D.M. Nº 74)

♩ = 88

Que nã ba - tá que nã vi - rá ca-xa-bi-á ma-ta-ram-bu ai-ê, ai-ê, que nã ba-tá, que nã vi - rá.

COSME E DAMIÃO
(D.M. Nº 75)

♩ = 128

Cos - me e Da - mi - ão, su - a san - ta já che - gô, ve - io do fun - do do má, Ja - na - i - na le man - dô.

ATIREI
(D.M. N.º 76)

♩ = 88

A - ti - rei o que ia, a - ti - rei ba - ri pa a - re - ia do má.

UM DINHA NÊ
(D.M. N.º 77)

♩ = 120

Um di - nha nê, um di - nha d'A - ru - an - da ê, la - ge - ro tão gran - de, tão gran - de d'A - ru - an - da ô.

Deus vos salve
(D.M. Nº 78)

♩ = 120

Que Deus vos sal - ve, ban - de - ra di - vi - na, que Deus vos sal - ve, ban - de - ra re - á, que Deus vos sal - ve, to - dos o - xós - si den - tro des - te can - zo - á.

Ogum venceu a guerra
(D.M. Nº 79)

♩ = 112

O - gum ven - ceu a guer - ra já man - dei oi - á, oi - á, O - gum ven - ceu di - lê, já man - dei oi - á, oi - á.

Babalorixá
(D.M. N.º 80)

♩=88

E ba - ba - lo - ri - xá, e ô, e ba - ba - lo - ri - xá, e ô, ei ca - jé, can - je - rê oi ca - jé, can - je - rê oi ca - jé, can - je - rê oi ca - jé, can - je - rê oi ca - jé.

Abertura de mesa de Toré
(D.M. N.º 81)

♩=88

A - bre - te me - sa do ri - o ver - de ci - da - de de Ju - re - ma é dos cam - pos ver - de, ci - da - de de Ju - re - ma é dos cam - pos ver - de. San - ta Te - re - sa me_a - cen - da es - sa luz, ca - bo - co de Ju - re - ma vem gui - a - do por Je -

suis, meu rei se - nhô Je - suis pai cri - a -

dô, a - br_os tron - co da Ju - re - ma si - nhô mes - tre_é quem man -

dô. ver - de. Ma - lun - gui - nho,_ô Ma - lun -

gui - nho Ca - bo - co in - dio re - á, Ma - lun -

gui - nho,_ô Ma - lun - gui - nho Ca - bo - co in - dio re -

á, a - bre_as por - ta da di - rei - ta pos bom

mes - tre tra - ba - iá fe - cha_as por - ta da es -

quer - da pos con - trá - rio não vim cá. Ma - lun - cá.

Quem vem lá
(D.M. N.º 82)

Quem vem lá é boia-a-dero, quem vem lá, boi-a-de-ro eu sô. Quem vem lá é boi-a-dero, quem vem lá, boi-a-de-ro eu sô.

Toré (abertura de mesa)
(D.M. N.º 83)

♩ = 60

O Divino Esprito Santo desceu para nos salvá, desceu para nos salvá,

♩ = 66

co'os poderes do Divino Pai Eterno em jurema a-bre o juremá, co'os poderes do Divino Pai Eterno em jure - ma a - bre_o ju - re - má.

O Di - vi - no_Es - pri - to San - to des -

ceu pa - ra nos va - lê, des - ceu pa - ra nos va -

lê, co'os po - de - res do Di - vi - no Pai E - ter - no em ju -

re - ma Deus do céu cum seu pu -

dê, co'os po - de - res do Di - dê. O Di -

Do 𝄋 ao 𝄌

má. De lá vi - no meu me -

ni - no cha - ve - ro do ou - tro

mun - do, de lá do, vô bus - cá meus

ca - bo - qui - nho da - que - les po -

rão tão fun - do, vô bus - do.

Saudá dona Julita
(D.M. Nº 84)

♩ = 86

Deus vos sal - ve, bo - ia - de - ro, Deus vos sal - ve, pes - so - á, Deus vos sal - ve, bo - ia - de - ro, Deus vos sal - ve pes - so - á, Deus vos sal - ve, do - na ju - li - ta no tron - co do ju - re - má.

Caboco de Muringanga
(D.M. Nº 85)

♩ = 69

Eu sô ca - bo - co Mu - rin - gan - ga
ta - i, ta tai, ê, ta Mu - rin -

gan - ga ê ta, tai, ê.

BOA NOITE, SEU RUFINO
(D.M. N° 86)

♩= 88

Bo - a noi - te, seu Ru - fi - no bo - a noi - te eu ve - nho dá, que - ro que me dê li - cên - cia em seu ter - re - ro eu brin - cá.

DOTÔ ALCEU
(D.M. N° 87)

♩= 112

Do - tô Al - ceu, si - nhô é o mai - ó pa - re - ce a luz do sol qua - no vem cla - ri - a - no.

Os americano
(D.M. N.º 88)

♩ = 80

Os americã inventaro um tal de moto balão, os americã inventaro um tal de moto balão, anda no mundo e não voa, fazeno a vez de avião.

Olha o tombo do navio
(D.M. N.º 89)

♩ = 80

Olha o tombo do navio, olha o balanço do má, na capitá que nós chegá nós temo toda que saltá.

Eu bem que disse
(D.M. Nº 90)

Eu bem que disse_a baiana que não compre peixe que vem da maré, eu ré, caranguejo_é bicho danado, só anda_amarrado, só compra quem qué. Caranqué **D.C.**

Ó minha gente
(D.M. Nº 91)

Ó minha gente eu não gosto de ninguém, só pió do que o trem qua no_a pita na Favela.

Ó MINHA MESTRA
(D.M. Nº 92)

Ó minha mestra_agora vô lhe_avisá, que nós não somo daqui stamos jurada pra_apanhá; stamos brincano co'ordem do delegado, quem não gosta das baiana é favô não vim o olhá.

RAPAZ SOLTEIRO
(D.M. Nº 93)

Rapaz solteiro que não tem dinhero, não vai à festa para namorá, ra-

paz sol - tei - ro que não tem di -
nhe - ro, não vai à fes - ta pa - ra
na - mo - rá, co - le - ga
vai, pe - de um ci - gar - ro a e - le, e -
le ar res - pon - de: – dei - xei de fu -
má. Co - le - ga

Eu me embarquei
(D.M. N.º 94)

♩ = 80

Eu me em - bar - quei ou - tro di - a na ca -
no - a, eu fui a Lis - bo - a on - de ti - nha su - ru -

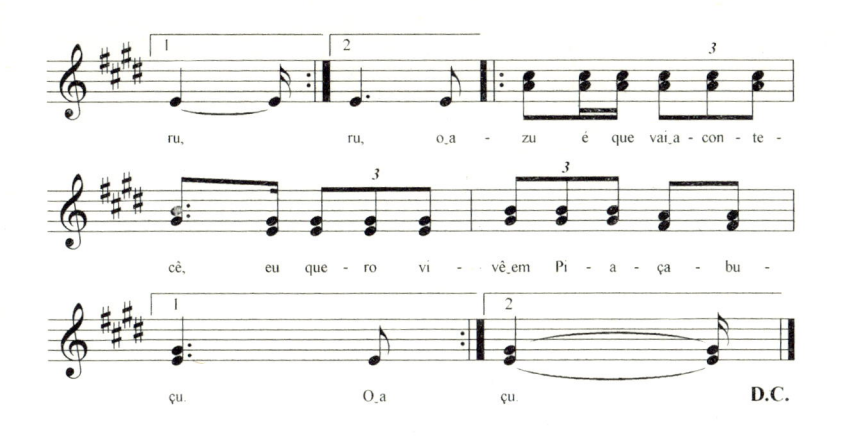

ru, ru, o a - zu é que vai a con - te -
cê, eu que - ro vi - vê em Pi - a - ça - bu -
çu. O a çu. **D.C.**

Eu fui no má
(D.M. N.º 95)

♩ = 88

Eu fui no má, eu fui ti - rá bri -
lhan - te, eu a - vis - tei dis - tan - te um pa -
lá - cio; fiz um com - pas - so e
foi na pe - dra ri - má, eu ve - jo u - ma
mi - na de a - ço. a - ço.

173

Ai, seu mestre não me dê com seu cipó que na ponta tem um nó, que é danado pra doê, dói mais que pimenta-malagueta e o canto ficô em eta, não tem pra onde corrê. **Fim** Ao 𝄋

Baianá quem te botô
(D.M. Nº 96)

♩ = 80

Bai - a - ná quem te botô este lindo anel em seu dedo? Foi a minha mestra nova pra dançá baianá sem medo. medo. Tava em tomba-

dô na festa de batuque baiana botô
luto na morte do Heitô, o vapô a pitô e o maquinista desceu, vamo vê quem morreu debaixo do vapô.

NA BELA CATARINETA
(D.M. N.º 97)

♩ = 88

Na bela Catarineta
agora eu vô le contá,
sete ano e um dia, o otra linda,
andei nas onda do má.

Olha da proa
(D.M. N.º 98)

♩ = 60

O - lha da pro - a, meu con - tra - mes - tre! Que é lá is - so que tu lin - do cha - ma? É u - ma nu - ve es - cu - ra que nos a - pa - re - ce.

Canto de encerramento da marujada
(D.M. N.º 99)

♩ = 88

A - la - go - a - na, che - gue na ji - ne - la, A - la - go - a - na, che - gue na ji - ne - la, ve - nha vê sol - dá, lin - do a - mô,

quan - do vão pra guer - ra, ve - nha vê sol -
dá, lin - do‿a - mô, quan - do vão pra guer - ra.

CANTO DE CEGO
(D.M. N.º 100)

♩ = 72

Meu ir - mão me dê‿u - ma‿es - mo - la nas ho - ra de Deus, A -
mém. Eu fui quem che - guei a - go - ra, pe - ço le - cen - ça pre -
me - ro a Me - ni - na da Si - nho - ra, tô pe - di - no‿e tô ro -
ga - no, meus si - nho - res e si - nho - ra. E tô pe - di - no‿e tô ro -
ga - no, fi - lhos de Nos - sa Si - nho - ra. Fi - lhos de Nos - sa Si -
nho - ra a - bre tu - do‿o co - ra - ção de vê o ce - go pe -
di - no na fren - te dos bom cris - tão, eu sal - vo‿a Deus, eu pe - ço‿es -

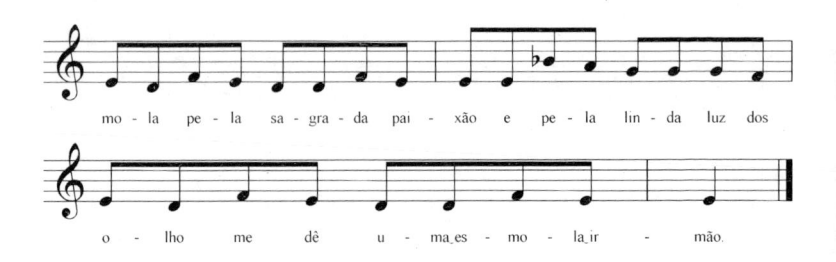

mo - la pe - la sa - gra - da pai - xão e pe - la lin - da luz dos
o - lho me dè u - ma es - mo - la ir - mão.

Orgrafic